Gerhard Etzel

Tools + Spiele

Verbessern Sie die Nachhaltigkeit und Intensität Ihrer Trainings, ...

... indem Sie Ihre Teilnehmerinnen und Teilnehmer nicht nur mit dem Kopf, sondern **mit allen Sinnen** beteiligen. Durch spielerische Elemente, aktivierende, handlungsorientierte Methoden und praktische Übungen werden trockene Theorien lebendig und einprägsam verdeutlicht.

... indem Sie ein Lernklima aufbauen, welches die **Experimentierfreude** der Teilnehmerinnen und Teilnehmer anregt und **Lernen mit Spaß** ermöglicht.

Finden Sie Spaß beim Design Ihrer Trainings und Trainingstools, ...

... denn Sie erleben schon vor dem Training selbst die **Experimentierfreude,** welche die Teilnehmerinnen und Teilnehmer dann beim Training haben werden.

... denn **durch das Selbermachen sparen Sie** auch noch manchen Euro, den Sie sonst für den Kauf von Trainingstools ausgeben müssten.

Gerhard Etzel

Tools + Spiele

Ein Bastelbuch für Teamtraining und Verhaltensplanspiele

Tools + Spiele

Inhaltsverzeichnis

EinigeBemerkungen vorweg

Dies ist ein Buch für Verhaltenstrainer (und –innen!). Wegen der einfacheren Bearbeitung der Texte und der besseren Lesbarkeit habe ich mich entschieden, nur die männliche Sprachform zu wählen, statt immer "Trainerinnen und Trainer" oder "Teilnehmerinnen und Teilnehmer" zu schreiben.

In diesem Bastelbuch werden zwei unterschiedliche Zielgruppen für die "Bastelaktivitäten" angesprochen:

- **Trainer** bauen ein Trainingstool, das dann unverändert als Hilfsmittel bzw. "Spielzeug" im Training zur Anwendung kommt.

- **Teilnehmer** "basteln" im Training, der Trainer stellt das Material und gegebenenfalls das benötigte Werkzeug bereit. Gelegentlich sind einige vorbereitende Bastelarbeiten durch den Trainer nötig.

Kaum eines der hier vorgestellten Tools ist eine Neuerfindung, vieles gibt es in dieser Form auch fertig zu kaufen. Die zum Teil recht hohen Preise dieser Tools waren einer der Anlässe für den Autor, dieses Buch zu schreiben.

Achtung: Wenn Sie Geräte nach den hier beschriebenen Bauanleitungen basteln, liegt die Stabilität und Sicherheit Ihrer Produkte in Ihrer eigenen Verantwortung. Der Autor übernimmt weder die Verantwortung für die von Ihnen gekauften Materialien noch für die Qualität Ihrer eigenen handwerklichen Arbeit.

Zielsetzung von
Tools + Spiele

Das Buch **Tools + Spiele** richtet sich an Trainer, die über ausreichend Know-How und Erfahrung verfügen, um Rollenspiele, Teamübungen und Verhaltensplanspiele so auszuwerten, dass die Teilnehmer davon profitieren.

Der Schwerpunkt des Buches liegt auf der "handwerklichen bzw. technischen" Seite der Übungen. Deswegen sind die Hinweise zur Auswertung und zu Beobachtungs- und Feedbackkriterien sehr knapp gehalten.

In diesem Buch finden Sie Hinweise auf den Einsatzzweck, ausführliche, bebilderte Bauanleitungen und bei jedem Tool einige Tipps zum praktischen Einsatz im Training. Bei den materialaufwändigeren Tools gibt es eine vollständige Liste der benötigten Materialien.

... und nun viel Spaß beim Basteln, Weiterentwickeln, Ausprobieren und Anwenden.

Übersicht über Anforderungen und Aufwand

Zugegeben, dies ist eine sehr subjektive Übersicht, aber ich möchte Ihnen gern einen Vergleich ermöglichen, was bei den einzelnen Themen an Aufwand auf Sie und Ihre Trainingsteilnehmer zukommt. Die wichtigste Aussage vorweg: Der Anspruch an das handwerkliche Können ist nirgendwo besonders hoch.

Werkzeug: Für Ihre eigene Bastelarbeit brauchen Sie das Übliche für Heimwerker: Eine gute Bohrmaschine, Schraubendreher, bei Luxusansprüchen auch noch einen zusätzlichen Akku-Schrauber, Gabelschlüssel verschiedener Größen. Eine Stichsäge ist sinnvoll, sowie eine Eisensäge, wenn Sie das Fahrzeug für das Wagenrennen bauen wollen. Scheren und Klebstoff gehören sowieso zu Ihrer Ausrüstung.

In den Tabellenspalten **"Komplexität"** habe ich versucht abzuschätzen, wie schwierig und zeitaufwändig die reine "Bastelarbeit" für Trainer bzw. Teilnehmer ist.

Beide Anforderungseinschätzungen können Sie für sich relativieren und neu bewerten, wenn Sie die Anleitungen gelesen haben und die dort erkennbaren Anforderungen nüchtern auf Ihre Fähigkeiten abbilden.

Der **Materialaufwand** ist abhängig davon, wo und wann Sie das Material kaufen. Die Einschätzungen beziehen sich auf die Preise zu Beginn des Jahres 2007. **Gering** (*) heißt, dass Sie das Material aus der Portokasse bezahlen. Bei **Mittel** (**) kostet es bis zu 100 Euro, bei **Hoch** (***) müssen Sie mit ca. 150 Euro rechnen, und bei **Sehr hoch** (****) kostet Sie das Material 200 Euro und mehr.

| Übung/Tool | handwerkliche Komplexität | | Material-aufwand |
	für Trainer	für Teilnehmer	
Prisoner-Dilemma	-	-	*
Stellplatz	-	-	*
Gummi-Spedition	-	*	*
Papiertaschen-Fabrik	-	***	*
Zauberstab-Varianten	*	-	*
Transportring	*	-	*
Schwebende Nägel	*	-	**
Flugzeugbau	*	***	*
Leonardobrücke	*	***	**
Pipeline	*	****	*
Heißluftballon	*	****	***
Durch das Netz	**	-	**
Schreibmaschine	***	-	**
Laufendes A	****	-	****
Wagenrennen	****	-/***	****

Legende:

-      entfällt
*   gering
**   mittel
***   hoch
****   sehr hoch

Prisoner-Dilemma

Einsatzgebiet/Zielsetzung

Das Prisoner-Dilemma kennt wohl jeder Trainer, der sich mit Teamentwicklung und Teamtraining beschäftigt. Es geht dabei um die Themen "Vertrauen", "Kooperation" und "Konkurrenz". In dieser Anleitung finden Sie eine kurze Einführung in die sehr oft genutzte Variante, bei welcher die Teams für ihre kooperativen oder konkurrierenden Entscheidungen Plus- bzw. Minuspunkte erhalten. Danach wird eine Erweiterung dieses Modells auf beliebig viele Gruppen dargestellt. Zusätzlich gibt es noch einige Anregungen dafür, wie der Grundkonflikt "Kooperation oder Konkurrenz" anders als in abstrakten Zahlenspielen thematisiert werden kann.

Durchführung im Training

Zur Geschichte:

Merrill Flood und Melvin Dresher beschrieben 1950 ein soziales Dilemma als Zwei-Personen-Spiel, das zeigt, wie individuell rationale Entscheidungen zu kollektiv schlechteren Ergebnissen führen können. Die Bezeichnung „Gefangenendilemma" stammt von Albert Tucker von der Universität Princeton.

Die Situation: Zwei Gefangene werden verdächtigt, gemeinsam eine Straftat begangen zu haben. Die Höchststrafe für das Verbrechen beträgt fünf Jahre.

Wenn einer der beiden gesteht und somit seinen Partner mitbelastet, der aber schweigt (gesteht nicht), dann kommt der Gestehende ohne Strafe davon – der andere muss die vollen fünf Jahre absitzen. Entscheiden sich beide zu schweigen, können sie auf Grund der Indizienbeweise nur zwei Jahre eingesperrt werden. Gestehen beide, dann erhält jeder vier Jahre Gefängnis. Nun werden die Gefangenen unabhängig voneinander befragt. Es besteht keine Möglichkeit für die beiden, sich untereinander abzusprechen.

Für beide sieht daher die "Auszahlungsmatrix" in diesem klassischen "Zwei-Personen-Nicht-Nullsummen-Spiel" so aus:

	B gesteht	B schweigt
A gesteht	Beide erhalten vier Jahre Gefängnis.	A kommt frei, B muss fünf Jahre sitzen
A schweigt	A muss fünf Jahre sitzen, B kommt frei.	Beide erhalten zwei Jahre Gefängnis.

Das Dilemma besteht darin, dass die individuell vernünftigste Entscheidung der Gefangenen (gestehen) und die kollektiv vernünftigste Entscheidung (schweigen) auseinanderfallen. Eine eindeutige verbindliche Handlungsanweisung kann nicht ohne Weiteres angegeben werden.

Die optimale Strategie für beide zusammen wäre, wenn beide miteinander kooperieren und schweigen. Dies setzt aber Vertrauen voraus, denn jeder weiß: wenn ich schweige und der andere gesteht, dann bekomme ich fünf Jahre Gefängnis.

Aus dieser Situation ist das Grundmodell für das Prisoner-Dilemma-Spiel entstanden:

Zwei Parteien spielen miteinander eine Art Knobelspiel, das über eine festgelegte Anzahl von Spielrunden geht (manchmal auch offen gehalten). In jeder Spielrunde müssen die Parteien sich entscheiden, eine rote oder eine schwarze Karte hochzuhalten, ohne dass sie wissen, was die andere Partei hochhält.

In jeder Spielrunde kann eines von drei möglichen Ergebnissen zustande kommen:

- Beide ziehen rot
- Einer zieht rot, der andere schwarz
- Beide ziehen schwarz

Zu diesen Ergebnissen gibt es folgende Auszahlungsmatrix:

(Auch andere Zahlenwerte sind möglich!)

Rot : Schwarz	Punkte für Rot	Punkte für Schwarz
2 : 0	+ 10 Punkte	-
1 : 1	- 15 Punkte	+ 15 Punkte
0 : 2	-	- 10 Punkte

"Rot" entspricht der Alternative "schweigen" aus dem ursprünglichen Prisoner Dilemma, schwarz der Alternative "gestehen"

Ziehen hier beide rot, so erhalten beide 10 Pluspunkte, das kollektiv beste Ergebnis. Zieht nur einer rot, der andere aber schwarz, dann ist der mit rot schlecht dran, denn er erhält 15 Minuspunkte, der mit schwarz optimiert dagegen sein individuelles Ergebnis mit 15 Punkten. Wenn beide schwarz ziehen, dann erhalten beide 10 Minuspunkte.

Der Auftrag für die beiden Parteien lautet in der Regel: "Gewinnt soviel Pluspunkte wie möglich".

Kommunikation zwischen den Gruppen ist während des Spiels bis auf einige Ausnahmen (siehe weiter unten) nicht erlaubt.

Es ist interessant, dass der Auftrag sehr oft so interpretiert wird, als würde er lauten "Gewinnt mehr als die anderen". In solchen Situationen merken die Parteien oft sehr spät, dass sie sich mit diesem Konkurrenzverhalten gegenseitig ins Minus steuern. Es bietet sich dann an, für einige Minuten die Parteien über Delegierte miteinander kommunizieren zu lassen.

Häufig wird nach einigen Durchgängen, besonders nach den erwähnten Kommunikationsmöglichkeiten, angekündigt, dass die Matrixpunkte in diesem Durchgang mit einer Konstanten (dreifach oder fünffach) multipliziert werden.

Varianten

Es macht mehr Spaß, wenn mehr Gruppen am Spiel beteiligt sind. Die Auszahlungsmatrix für zwei Teilnehmer/Gruppen lässt sich leicht auf beliebig viele Gruppen erweitern. Weiter unten wird ein Berechnungsprogramm für beliebige Gruppenzahlen vorgestellt.

Auch der Basisbetrag (Punktzahl für das kollektiv beste Ergebnis) kann beliebig variiert werden.

Hier ein Beispiel für drei Gruppen und Basisbetrag 6 Punkte:

Rot : Schwarz	Punkte für Rot	Punkte für Schwarz
3 : 0	+ 6 Punkte	-
2 : 1	- 9 Punkte	+ 18 Punkte
1 : 2	- 18 Punkte	+ 9 Punkte
0 : 3	-	- 6 Punkte

- Ziehen alle drei Gruppen rot, so erhält jede Gruppe 6 Punkte.

- Ziehen 2 Gruppen rot und eine schwarz, so erhält die eine Gruppe mit schwarz 18 Punkte, die beiden roten Gruppen je 9 Minuspunkte.

- Zieht nur eine Gruppe rot, so erhalten die beiden anderen mit schwarz je 9 Punkte, die eine Rot-Gruppe wird mit 18 Minuspunkten belastet.
- Ziehen alle drei schwarz, erhält jede Gruppe 6 Minuspunkte.

Es kann in bestimmten Situationen auch durchaus sinnvoll sein, die Gruppen zum Wettbewerb zu provozieren, z.B. mit der Frage "Wer erzielt die meisten Pluspunkte?"

Die Teilnehmer werden merken, dass sie sich alle gegenseitig ins Minus bringen, wenn Sie keine kooperative Lösung finden. In der Auswertung kann man gegebenenfalls darauf hinweisen, dass eine mögliche und sinnvolle Antwort auf die oben genannte Frage auch "Alle erzielen die meisten Pluspunkte" sein kann.

Eine weitere Variation mit hohem Spaß- und Spannungsfaktor, besonders wenn mehrere Gruppen spielen: Jede Gruppe erhält drei Joker, die sie je einmal benutzen dürfen.

1. Die Ergebnisse dieser Runde werden verdoppelt
2. Die Ergebnisse dieser Runde werden verdreifacht
3. Die Vorzeichen der Ergebnisse werden umgekehrt

Wichtig ist, dass auch die Joker verdeckt gespielt werden, d.h. ohne Vorankündigung. Alle in einer Runde gespielten Joker wirken sich aus. Spielt z.B. ein Team einen Joker "dreifach" und ein Team einen Joker "Vorzeichen-Umkehr", dann zählt das Ergebnis der Runde "mal minus 3". Spielen drei Gruppen gleichzeitig den Joker "dreifach", dann wird das Ergebnis mit 3 x 3 x3 = 27 multipliziert.

Eine zusätzliche Jokervariante: Ein Einladungsjoker zur Besprechung (mehrfach nutzbar, z.B. zweimal) für jedes Team.

Besonders in Situationen, bei denen sehr stark Wettbewerb mit negativen Ergebnissen auftritt, ist es in der Analyse ein interessantes Thema, wie oft und mit welchem Erfolg diese Joker genutzt wurden.

Bauanleitung/Programm

Hier finden Sie ein Programm, mit dem Sie schnell Auszahlungsmatrizen für eine beliebige Anzahl von Gruppen und einen beliebigen Grundbetrag erzeugen können.

Tippen Sie die Zeilen so wie sie hier stehen, und speichern Sie diese dann als Text-Datei unter dem Namen "dilemma.html" in einem beliebigen Verzeichnis.

Skript "dilemma.html"

```
<html>
<head>
<title>Prisoner Dilemma</title>
</head>
<body>
<form action="" name="parameter" id="parameter">
<strong>Parameter</strong>:
<table>
<tr><td>Basisbetrag:</td><td><input type="text" name="basis" size="3" maxlength="3"></td></tr>
<tr><td>Anzahl Gruppen:</td><td><input type="text" name="ngroup" size="3"
maxlength="3"></td></tr>
</table>
<input type="button" value="berechnen" onclick="matrix()">
</form>
<script language="JavaScript" type="text/javascript">
function matrix() {
var fenster=window.open("leer.html","ergebnis")
var posresult=parameter.basis.value
var x
var px
var py
var ngroup=parameter.ngroup.value
fenster.document.write ("Auszahlungsmatrix mit Basisbetrag= " + posresult + " und " + ngroup + "
Gruppen<p></p>")
fenster.document.write ("<table border=1><tr><th>Anzahl ROT zu SCWARZ</th><th>Betrag
ROT</th><th>Betrag SCHWARZ</th></tr>")
for (var y=0; y<=ngroup; y++){
x=ngroup-y
if (y==0) {
px = posresult
py = 0
} else {
if (y==ngroup) {
py = posresult * -1
px = 0
} else {
py= Math.round(x * posresult * 1.5)
px= Math.round(y * posresult * -1.5)
}
}
fenster.document.write ("<tr><td align='center'>" + x + ":" + y + "</td><td>" + px + "</td><td>" + py +
"</td></tr>")
}
fenster.document.write ("</table>")
}
</script>
</body>
</html>
```

Tippen Sie nun auch die folgenden Zeilen ab und speichern Sie diese Datei unter dem Namen "leer.html" in das gleiche Verzeichnis wie die oben stehende Datei "dilemma.html".

```
<html>
<head>
<title>Prisoner Dilemma Matrix</title>
</head>
<body>
</body>
</html>
```

In diese Leer-Datei wird nach Eingabe der Parameter die Auszahlungsmatrix geschrieben.

Wenn Sie nun auf den Dateinamen "dilemma.html" klicken, öffnet sich das Programm in Ihrem Internet-Browser. Geben Sie die Werte für den Basisbetrag und die Anzahl der Gruppen (Spieler) ein und klicken dann auf "berechnen". In einem neuen Fenster wird Ihnen dann die Auszahlungsmatrix gezeigt.

Weitere Varianten zum Prisoner Dilemma

"Wer erreicht das Ziel?"

Diese Variante hat sehr viel Ähnlichkeit mit der reinen abstrakten Punktezählerei, ist aber durch die Übertragung der Punktestände auf "Spielfiguren" in einem Spielbrett etwas spannender.

Das Spielbrett ist im einfachsten Fall ein Bogen Flipchartpapier mit dem aufgezeichneten Spielplan an einer Pinwand, die Figuren sind Pin-Nadeln.

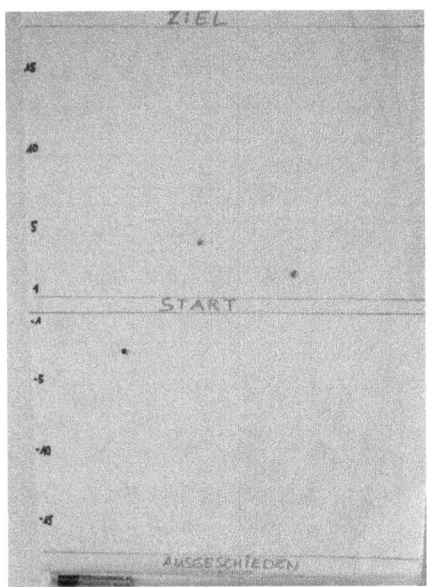

Zum Spielbeginn steckt die Spielfigur für jedes Team (je Team eine andersfarbige Pin-Nadel) auf der Ziellinie des Spielplans genau in der Mitte des Flipcharts. Am oberen Rand ist die Ziellinie aufgetragen, am unteren Rand die Linie, deren Erreichen das Ausscheiden aus dem Spiel bedeutet. Jeder beim Spiel erzielte Punkt bewegt die Spielfigur um jeweils ein Kästchen weiter, bei Pluspunkten nach oben, bei Minuspunkten nach unten.

Ein Flipchart ist groß genug für drei Gruppen, wenn Sie eine Auszahlungsmatrix mit Basibetrag 1 Punkt benutzen:

Rot : Schwarz	Punkte für Rot	Punkte für Schwarz
3 : 0	+ 1 Punkt	-
2 : 1	- 1 Punkt	+ 3 Punkte
1 : 2	- 3 Punkte	+ 1 Punkt
0 : 3	-	- 1 Punkt

Wenn Sie Joker verwenden wollen, benutzen Sie in diesem Fall nur die Joker "Verdoppelung" und "Vorzeichenumkehr", sonst ist das Spiel zu schnell beendet.

Bei mehr als drei Gruppen ist es besser, einen längeren Spielplan zu haben, z.B. zwei aneinander geklebte Flipchartbögen.

Dilemma-Spiele ohne Zahlen

Bei Spielen ohne abstrakte Zahlen wird das Dilemma in der Regel dadurch hergestellt, dass die Ressourcen für die Erzielung eines guten Einzelergebnisses unter den Gruppen verteilt sind: jede Gruppe ist auf die Zusammenarbeit mit den anderen angewiesen, um ihr Ergebnis zu erreichen.

In der einfachen Version gibt es bei diesen Spielen für die Gruppen keine Möglichkeit, ein individuelles Ergebnis zu erzielen. Es gibt nur eine kollektive Lösung, die durch Verhandlungen zwischen allen beteiligten Gruppen gefunden werden muss.

Ein Beispiel:

Es gibt drei Gruppen. Die erste Gruppe hat einen Block mit einer bestimmten Anzahl von Blättern. Die zweite Gruppe hat einen abgebrochenen Bleistift. Die dritte Gruppe hat einen Bleistiftspitzer.

Jede Gruppe gibt sich einen Namen. Die Aufgabe für die Gruppen lautet:

Die individuelle und gleichzeitig die kollektive beste Lösung dieses

> "Beschreiben Sie vom Block der ersten Gruppe so viele Blätter wie möglich mit dem Namen ihrer eigenen Gruppe. Sie dürfen nur den Bleistift der zweiten Gruppe benutzen. Zum Anspitzendes Bleistiftes dürfen Sie nur den Bleistiftspitzer der dritten Gruppe verwenden."

Problems besteht darin, dass sich die drei Gruppen einigen, jedes Blatt des Blocks mit allen drei Gruppennamen zu beschreiben.

Im Sinne eines echten Prisoner-Dilemmas sollten aber Alternativen existieren, die den Gruppen die "Flucht" in individuelle Lösungen ermöglichen.

Eine entsprechende Abwandlung des Spiels für die drei Gruppen des obigen Beispiels könnte lauten:

"Beschreiben Sie so viele Blätter wie möglich mit den Namen ihrer Gruppe und geben Sie dafür so wenig Geld wie möglich aus. Ein wichtiges Kriterium für die Leistung sind am Ende die Kosten pro beschriebenes Blatt, die möglichst niedrig sein sollten.

Sie dürfen nur zugelassene Blätter, zugelassene Bleistifte und zugelassene Bleistiftspitzer benutzen.

Gegenwärtig verfügt Gruppe 1 über zugelassene Blätter, Gruppe 2 hat einen zugelassenen Bleistift, allerdings abgebrochen, und Gruppe 3 hat einen zugelassenen Bleistiftspitzer. Sie können einen zusätzlichen Bleistift (leider nur abgebrochen) und einen zusätzlichen Bleistiftspitzer bei der Spielleitung kaufen."

In diesem Beispiel ist für die Gruppe 1 die Versuchung groß, schnell den Bleistift und den Bleistiftspitzer zu kaufen und alle Blätter nur mit dem eigenen Namen zu beschriften. Damit hätte sie zwar das beste individuelle Ergebnis erzielt, das aber schlechter ist als das beste kollektive Ergebnis, denn dieses entspricht der Lösung aus der ersten Variante: die Gruppen einigten sich, alle Blätter gemeinsam mit allen Gruppennamen zu beschriften.

Für die Gruppen 2 und 3 ist die Versuchung groß, die jeweils fehlende Ressource Bleistift beziehungsweise Bleistiftspitzer zu kaufen, um mit Gruppe 1 über die Herausgabe zugelassener Blätter zu verhandeln. Da die Blätter limitiert sind, ist jedes so erzielte Ergebnis schlechter als das kollektive Ergebnis der ersten Variante, weil es mit Kosten verbunden ist.

Als komplexeres Spiel, das weniger leicht durchschaut wird und noch zusätzliche Anforderungen an die Teilnehmer stellt, kann zum

Beispiel das an anderer Stelle dieses Buchs beschriebene Spiel "Flugzeugbau" benutzt werden.

Es können bis zu fünf Gruppen gebildet werden, auf welche die Ressourcen für den Flugzeugbau folgendermaßen verteilt werden:

- Gruppe 1 erhält eine Anzahl von Baukartons, die für eine festgelegte Menge von Flugzeugen ausreicht.

- Gruppe 2 erhält die nötige Anzahl von Holzstäbchen.

- Gruppe 3 erhält den Bauplan.

- Gruppe 4 erhält den Klebstoff.

- Gruppe 5 erhält Scheren.

Wenn man wegen der Teilnehmerzahl keine fünf Gruppen bilden kann, sollte man mehrere Ressourcen in jeweils einer Gruppe zusammenfassen, zum Beispiel Baukarton und Holzstäbchen in einer Gruppe.

Der Auftrag an die Gruppen lautet hier: "Bauen Sie so viele Flugzeuge wie möglich, und beschriften Sie diese mit dem Namen ihrer Gruppe. Sie dürfen nur zugelassenes Baumaterial und zugelassenes Werkzeug benutzen. Die Kosten pro Flugzeug sollen möglichst niedrig sein."

In der Instruktion sollte ebenfalls, ähnlich wie in dem einfacheren Beispiel mit den Bleistiften, die aktuelle Verteilung der Materialien erwähnt werden und was gekauft werden kann.

Wichtig ist, dass keine zusätzlichen Baukartons gekauft werden können, damit die maximale Zahl von Flugzeugen konstant bleibt, unabhängig vom Zukauf anderer Dinge.

Die zusätzliche Anforderung besteht hier darin, dass sich die Gruppen einigen müssen, wer im Herstellungsprozess welche Aufgaben übernimmt.

Stellplatz

Einsatzgebiet/Zielsetzung

Diese Übung erfordert keinerlei Bastelarbeiten. Alles, was Sie dazu brauchen, sind einige Blätter Flipchart-Papier und eventuell einen Zollstock zum Ausmessen der Größe des Stellplatzes.

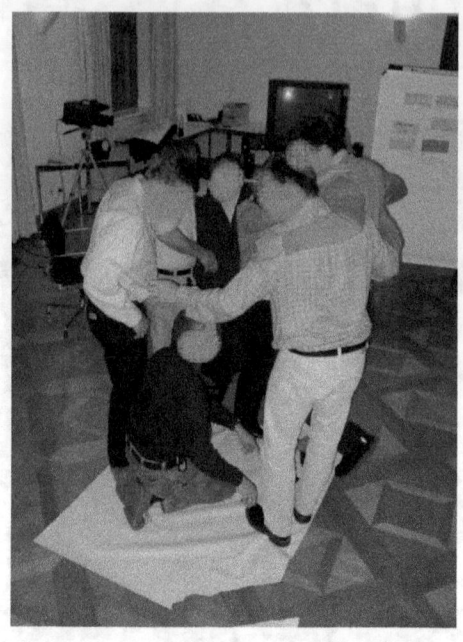

Sie können die Aufgabe sehr gut als Muntermacher einsetzen oder in Teamtrainings, um Zusammengehörigkeit, Vertrauen und gegenseitige Unterstützung erlebbar zu machen.

Voraussetzung ist allerdings, dass die Teilnehmer sich bereits so gut kennen, dass Sie keine Probleme mit Nähe und Körperkontakt mehr haben.

Durchführung im Training

Teilen Sie die Teilnehmer in Teams von fünf bis sechs Personen ein, geben Sie jedem Team ein Blatt Flipchart-Papier, und stellen Sie dann folgende Aufgabe:

Instruktion

Ihre Aufgabe ist es, sich als Team so auf einem Flipchart-Papier auf dem Boden aufzustellen, dass die von Ihnen insgesamt berührte Papierfläche möglichst klein wird.

Sie haben 20 Minuten Zeit, eine Strategie festzulegen und zu üben, wie Sie sich aufstellen wollen. Die von ihnen letztendlich benutzte Papierfläche muss aus einem zusammenhängenden Stück Papier bestehen, das heißt sie dürfen keine einzelnen Papierstücke verwenden. Vor der Abnahme muss das Papier auf die Größe zugeschnitten sein, die Sie benutzen wollen. Bei der Abnahme müssen Sie als Team 10 Sekunden ununterbrochen fest stehen, ohne dass einer von Ihnen das Papier verlässt. Wenn in dieser Zeit auch nur einer im Team den Boden außerhalb der Papierfläche berührt, haben Sie Ihr Ziel verfehlt.

Sie dürfen keinerlei Stützen oder andere Hilfsmittel benutzen. Auch anlehnen an der Wand, zusammenbinden des Teams mit Schnüren, Seilen, Gürteln oder anderen Hilfsmitteln ist nicht erlaubt. Aus Sicherheitsgründen dürfen Sie keine Aufstellkonstruktion wählen, bei der mehr als zwei Personen übereinander stehen oder entsprechend getragen werden.

Es gewinnt das Team, dessen benutztes Flipchart-Papier die kleinste Fläche aufweist.

Varianten im Training

Sie können diese Übung dadurch variieren, dass Sie Vorgaben bezüglich der Form des Papiers geben, zum Beispiel:

- Die Papierfläche muss quadratisch sein.
- Die Papierfläche muss kreisrund sein.
- Die Papierfläche muss in U-förmig sein.
- Die Papierfläche darf keine rechten Winkel haben.

Eine weitere Variante be-steht darin, dass sich die Teams nach fünf Minuten individueller Beratungszeit auf eine gemeinsame Papierform einigen müssen.

Sie können auch einführen, dass während der Beratungsphase alle fünf Minuten jedes Team bekannt geben muss, wie groß die Papierfläche ist, die nach dem aktuellen Stand der Planung benutzt werden wird. Dieser öffentliche Vergleich führt in der Regel dazu, dass die Zielplanung in den Teams heftig und kontrovers diskutiert wird.

Gummi-Spedition

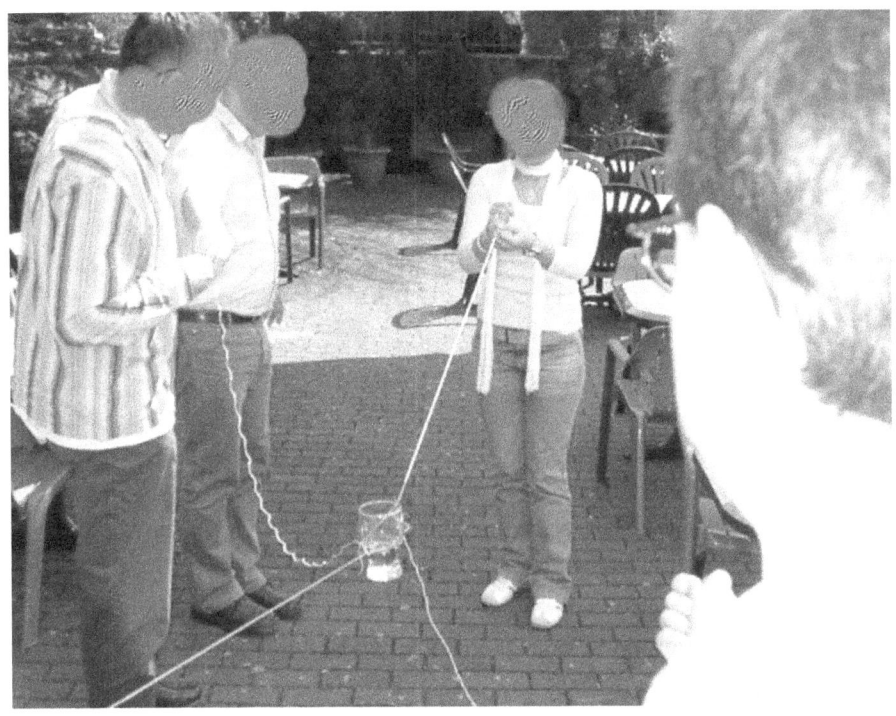

Einsatzgebiet/Zielsetzung

Diese Übung hat sehr viele Parallelen zum Transport-Ring. Die Ziele: Kommunikations- und Abstimmprozesse zur Optimierung der Zusammenarbeit erlebbar machen. Ein weiterer Aspekt ist, dass hier die Kreativität der Teilnehmer gefordert ist. Wie bei den vergleichbaren anderen Übungen auch kann "Führen von Teams" mit dieser Aufgabe sehr gut thematisiert werden.

Die Übung kann sowohl "indoor" als auch "outdoor" durchgeführt werden.

Durchführung im Training

Die Trainingsgruppe hat die Aufgabe, ein Transportinstrument zu entwerfen, mit dem ein gefülltes Wasserglas von Punkt A nach Punkt B transportiert werden kann.

Dazu können Sie den Teilnehmern beispielsweise die folgende Instruktion geben:

"Sie haben die Aufgabe, das hier auf dem Tisch stehende, mit Wasser (oder Saft, Flüssigkeit, ...) gefüllte Glas nach (Ziel) zu transportieren. Da die Flüssigkeit hoch toxisch ist und auch entsprechende Gase ausdünstet, darf kein Tropfen verschüttet werden. Jeder von Ihnen muss mindestens 2 m Abstand zu dem Glas halten. Um den Transport realisieren zu können, stehen Ihnen die hier im Karton liegenden Mittel zur Verfügung. Andere Materialien haben keine Zulassung erhalten und können deswegen nicht verwendet werden. Sie haben 30 Minuten Zeit, diesen Transportauftrag zu erledigen. Sie dürfen an einem anderen Tisch mit einem Glas üben, das mit harmlosem Wasser gefüllt ist."

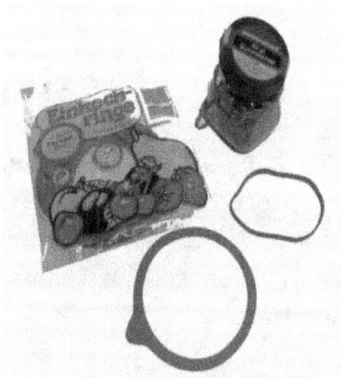

Im Karton befinden sich Gummiringe, Schnüre und etwas "Dummy-Material" zur Ablenkung. Als "Dummy" eignen sich z.B. ein paar Büroklammern, Schrauben und Nägel, ein richtig dickes Seil, usw. Wenn die Gruppe mit diesem Material eine neue kreative Lösung findet, kann diese auch zugelassen werden.

Varianten im Training

Der "Standard" zur Erhöhung des Schwierigkeitsgrades: Einige Teammitglieder können schon von Beginn an "blind" sein. Zu beobachten wäre hier der Aspekt, wie diese in die kreative Phase am Anfang eingebunden werden. Zum "erblinden lassen" der Teilnehmer verwenden Sie am besten Schlafbrillen, die in Outdoor-Ausrüstungsgeschäften preiswert erhältlich sind.

Eine andere, interessante und hochkomplexe Variante ist die folgende:

Es gibt mehrere Teams, von denen jedes einen eigenen Tisch mit einem Wasserglas hat. Die Tische und Gläser sind mit individuellen Bezeichnungen versehen, z.B. mit Buchstaben oder Nummern oder mit Phantasienamen. Die Aufgabe der Teams ist es, die Gläser nach einem vorgegebenen Plan auf den Tischen auszutauschen. Die Kriterien für den Transport sind identisch mit den in der Standardinstruktion genannten: nichts verschütten und Abstand einhalten. Das Zusatzkriterium: **Auf und im Luftraum über einem Tisch darf sich immer nur ein Glas befinden.** Das bedeutet, dass immer mindestens zwei Teams gleichzeitig unterwegs sein müssen. Dies erfordert Kommunikation und Zusammenarbeit zwischen den Teams. Unter dem Gesichtspunkt "Führen von Teams " ist auch ein allen Teams vorgesetzter Gesamtleiter sinnvoll.

Auch diese Variante kann mit der kreativen Phase beginnen, in der jedes Team ein Transportmittel "erfinden" muss. Eine Zusatzschwierigkeit könnte die Forderung sein, dass die Transportmittel aller Teams bis ins kleinste Detail identisch sind.

Achten Sie bei diesem Setting darauf, dass kein bilateraler Austausch der Gläser stattfindet, also nicht A und B tauschen die auf ihren Tischen stehenden Gläser, sondern:

Es findet immer ein "Ringtausch" statt, z.B.

- Glas A muss nach B
- Glas B muss nach C
- Glas C muss nach D
- Glas D muss nach A

Gruppe A muss sich also mindestens mit B (dort muss sie hin) und mit Gruppe D (die bringt ihr Glas) verständigen. Da sich B aber auch noch mit C verständigen muss und Team D ebenfalls mit C, entsteht ein vielfältiger, mehrschichtiger Kommunikationsprozess zwischen den Teams.

Eine zusätzliche Erhöhung der Herausforderung kann darin bestehen, dass jedes Team sein Ziel erst durch das Lösen eines Rätsels erfährt. Die zur Lösung dieses Rätsels notwendigen Informationen müssen bei allen anderen Teams besorgt werden.

Ein weiterer Steigerungsfaktor: Die Abstände zwischen den Tischen können unterschiedlich sein, Hindernisse stehen im Weg usw.

Bauanleitung

Für die Konstruktion der Transportvorrichtung kann man folgende Varianten wählen:

1. Wenn das zu transportierende Gut einen größeren Umfang als die Gummiringe hat, werden an die Ringe mindestens vier Schnüre geknüpft. Zieht man nun an den Schnüren, dann dehnt sich das Gummi und der Ring kann über das Transportgut geführt werden. Nun werden die Schnüre etwas locker gelassen, so dass der Gummiring das Transportgut fest umschließt. An den Schnüren wird nun das Transportgut angehoben und weggetragen.

2. Wenn das zu transportierende Gut einen geringeren Umfang als die Gummiringe hat, benötigt man mindestens zwei, besser drei Schnüre, die an einen Gummiring geknüpft werden. Die Schnüre dienen zunächst dazu, den Ring einfach über das Transportgut zu legen. Danach wird an zwei gegenüberliegenden Schnüren soweit gezogen, dass sich der Gummiring um das Transportgut spannt. Nun kann es an den Schnüren weggetragen werden.

Eine anspruchsvollere Variante ist die, bei welcher der Gummiring von alleine spannt und die Schnüre nach dem "Überstülpen" nur noch als Trageschnüre dienen. Das Problem für die Transporteure ist hier, dass zu starkes Ziehen den Ring soweit dehnen kann, dass das Transportgut abstürzt . Es ist sinnvoll, für diese Variante relativ schweres Transportgut zu wählen, damit zum Anheben und Transport des Gutes stark an den Schnüren gezogen werden muss.

Papiertaschen-Fabrik

Einsatzgebiet/Zielsetzung

Die Papiertaschen-Fabrik eignet sich besonders gut, um Führung, Kommunikation, Zusammenarbeit, Prozess- und Qualitätsmanagement zu trainieren.

Obwohl die Herstellung der Papiertaschen an die Teilnehmer keine großen handwerklichen Herausforderungen stellt, ist die Aufgabe wegen der vielen Arbeitsschritte und den dazwischenliegenden Wartezeiten (Trocknen des Klebers) gut zur Simulation komplexer Arbeitsprozesse geeignet.

Der Fertigungsprozess kann wegen seiner Komplexität auch Thema eines Seminars zum Change-Management sein.

Durchführung im Training

Ein einfaches Planspieldesign für die Papiertaschen-Fabrik sieht folgendermaßen aus:

Es gibt einen "Werksleiter", dem ein "Abteilungsleiter Fertigung" und ein "Abteilungsleiter Qualitätsmanagement" unterstehen. Die Abteilung Fertigung sollte mit mindestens vier, die Abteilung Qualitätsmanagement mit mindestens zwei Mitarbeitern besetzt sein.

Die Fertigung kann bei ausreichend großer Teilnehmerzahl in weitere Unterabteilungen gegliedert werden, zum Beispiel in die "Abteilung Zuschnitt", die "Abteilung Herstellung Taschen", die "Abteilung Herstellung Tragegriffe", und die "Abteilung Endmontage".

Die Rolle der Kunden beziehungsweise externen Auftraggeber kann vom Trainer übernommen werden. Es ist sinnvoll, wenn das Gesamtvolumen der Aufträge mindestens der Teilnehmeranzahl entspricht, damit am Ende jeder Teilnehmer eine Papiertragetasche mit nach Hause nehmen kann.

Beachten Sie, dass Sie für die Herstellung von z.B. 12 Tragetaschen durch ein Gesamtteam von 12 Teilnehmern (einschließlich Führungskräften) aus Zeitungspapier mindestens 90 Minuten ansetzen müssen. Mit Flipchart-Papier ist der Fertigungsprozess schneller, da es weniger "Klebearbeit" gibt.

Andererseits können die durch das Trocknen des Klebers entstehenden Wartezeiten für Einzelgespräche (Mitarbeiter- gespräche, Aufgabendelegation, Anerkennung und Kritik usw,) genutzt werden.

Varianten im Training

Unabhängig von der formalen Struktur der Organisation der Papiertaschen-Fabrik gibt es viele Möglichkeiten, die Anforderungen zu variieren:

- Die Abmessungen der Papiertaschen werden von Auftrag zu Auftrag geändert.

- Die Anforderungen an die Tragfähigkeit werden genau spezifiziert.

- Das zu verwendende Papier (Flipchart, Pinwand, Zeitungen) wird vorgeschrieben.

- Der Kleber wird vorgeschrieben: schnell härtender Alleskleber oder langsam trocknender Flüssigkleber oder Klebestreifen ...

- Die Materialien müssen "eingekauft" werden bzw. werden mit fiktiven Kosten in Rechnung gestellt. Dabei kann es Mengenrabatte geben usw.

- Die Kunden haben besondere Anforderungen an das Design (Bilder, Farben usw.)

Eine schöne Variante dieses einfachen Planspieldesigns sieht zwei unabhängige Hersteller-Werke vor, die zudem wechselseitig als Kunden auftreten, d.h. Werk A fertigt die Aufträge von Kunden, die aus Werk B kommen, und umgekehrt.

Bei dieser Planspielvariante hat es sich bewährt, wenn jede Papiertasche mit der Originalunterschrift des Kunden gefertigt werden muss.

Für jede dieser Taschen zeichnet auch ein Mitarbeiter des Herstellers persönlich verantwortlich und muss dies durch seine Unterschrift auf dem fertigen Produkt bestätigen.

Variante "Change Management"

Für diese Variante übernimmt die Planspielleitung (Trainer) die Rolle der Unternehmensleitung, welcher die "Fabrik" unterstellt ist. Zu Beginn ist eine formale Aufbau- und Ablauforganisation vorgegeben.

Wenn der Fertigungsprozess ins Laufen gekommen ist und die ersten Produkte fertiggestellt sind, kommt von der Unternehmensleitung der Auftrag an die Werkleitung, den Fertigungsprozess zu optimieren. Kriterien könnten sein: Durchlaufzeit reduzieren, Mitarbeiter einsparen, Materialverbrauch optimieren usw.

Kriterien für die Auswertung und das Feedback sind dann z.B. "Gestaltung des Informationsprozesses", "Beteiligung der Mitarbeiter" usw., aber auch, in welchem Ausmaß die Veränderung den gewünschten Effekt erzielt hat.

Bauanleitung

Die Tragetaschen können aus verschiedenen Materialien und in ganz unterschiedlicher Größe hergestellt werden.

Schnell und einfach können die Tragetaschen aus Flipchart-Papier ausgeschnitten und zusammen geklebt werden.

Etwas aufwändiger ist die Herstellung aus alten Zeitungen, denn es müssen mehrere Lagen Zeitungspapier übereinander geklebt werden, um eine ausreichende Stabilität zu erzielen.

Als Größe für die Tragetaschen empfehlen wir das Format 35x30x8 cm (Höhe x Breite x Tiefe). In diese Tragetaschen passt sehr gut ein großer Aktenordner, zum Beispiel mit den Seminarunterlagen.

In der folgenden Bauanleitung zeigen wir die Herstellung von Tragetaschen in dieser Größe aus Zeitungspapier.

Wenn die Tragetasche aus Zeitungen einen großen Aktenordner tragen soll (Abmessungen ca. 32 x 28 x 7,5 cm, wiegt voll gefüllt mehr als 3 kg), dann müssen drei Bogen Zeitungspapier übereinander geklebt werden.

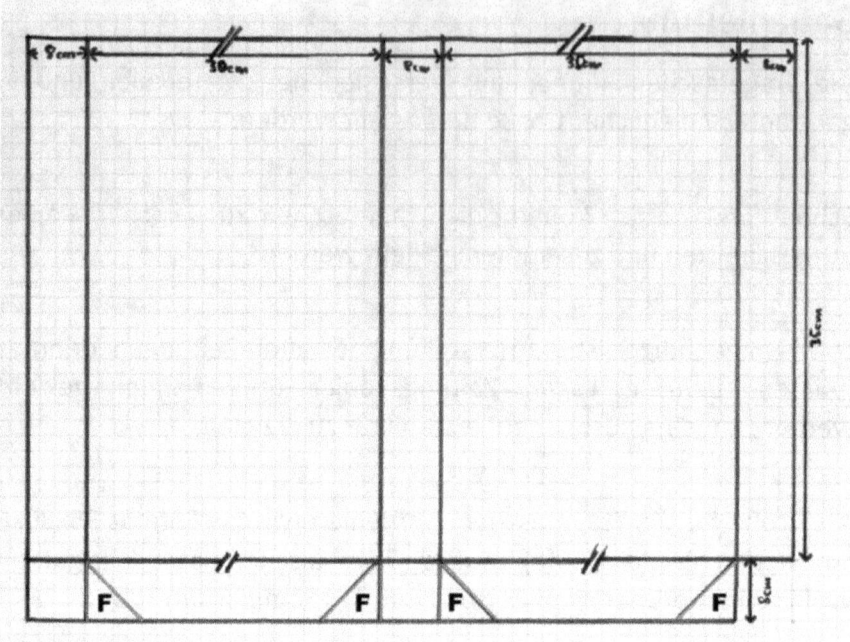

Das Schnittmuster sehen Sie in der oben stehenden Abbildung, die aber nicht maßstabgerecht wiedergegeben ist.

Der Klebestreifen auf der rechten Seite muss nicht unbedingt so wie in der Zeichnung angegeben 8 cm breit sein, es genügt, wenn die Klebestelle ein bis zwei cm überlappt.

Die Doppelseite einer Zeitung (wie zum Beispiel die "Süddeutsche Zeitung") ist groß genug, um eine Tragetasche aus einem Stück herzustellen. Allerdings müssen mindestens zwei, besser drei Seiten übereinander geklebt werden, um eine ausreichende Stabilität zu erzielen.

Wenn die Seiten übereinander geklebt und getrocknet sind, wird der obere Rand circa ein bis zwei cm umgefaltet und als Randverstärkung festgeklebt. Danach wird das Schnittmuster aufgezeichnet, und der überschüssige untere Rand abgeschnitten.

Das abgeschnittene Stück nicht wegwerfen, denn daraus werden später die Tragegriffe hergestellt.

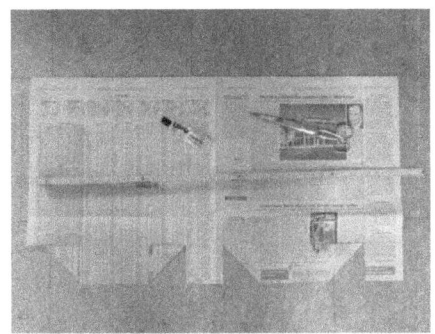

Nun werden die im Schnittmuster rot markierten Linien eingeschnitten, und die mit F bezeichneten Flächen an den grün markierten Linien nach innen gebogen und fest angeklebt.

Im nächsten Schritt wird das Papier an allen Kanten vorgefaltet. Das geht einfach, wenn Sie ein langes Lineal als "Biegekante" benutzen, zum Beispiel die Klemmschiene des Flipchart-Ständers.

Nun wird geklebt: zunächst ist die Taschenhülle am seitlichen Klebestreifen zu schließen. Nach dem Auftragen des Klebers wird der überstehende Klebestreifen fest angedrückt und während der Trocknungsphase mit Wäscheklammern fixiert.

Sobald diese Klebung getrocknet ist, wird die Tragetasche in Form gebracht und auf den Kopf gestellt

Danach werden der vordere und hintere Fußbodenteil übereinander geklebt und mit Wäscheklammern fixiert.

Im Vordergrund sieht man in diesem Bild die vorbereiteten Streifen für die Tragegriffe. Die Herstellung und Montage dieser Griffe wird später erläutert.

Nun wird die Papiertasche auf den Boden gestellt und die beiden seitlichen Bodenteile werden angeklebt. Stellen Sie einen schweren Gegenstand zum Beispiel einen Aktenordner in die Tasche, damit die Verklebung des Bodens stabil wird.

 Während die Verklebung des Bodens trocknet, kann mit der Herstellung der Tragegriffe begonnen werden. Dazu wird der vom unteren Teil der Zeitung abgeschnittene Papierstreifen in zwei gleich große Teile geteilt. Jeder Papierstreifen wird der Länge nach so lange in der Mitte gefaltet, bis der Papierstreifen nur noch maximal 1 cm breit ist. Dabei darf nicht vergessen werden, bei jeder Faltung die beiden aufeinander liegenden Seiten miteinander zu verkleben. Am Ende werden die Streifen mit mehreren Wäscheklammern fixiert, bis der Klebstoff getrocknet ist.

Wenn die Streifen für die Tragegriffe gut getrocknet sind, werden die Enden an beiden Seiten ungefähr in 60° Winkel abgebogen und innen am oberen Rand der Tragetasche fest geklebt. Auch hier ist es ratsam, die Verklebung mit Wäscheklammern zu fixieren.

Ganz zum Schluss wird diese Verklebung noch mit größeren Papierstücken von innen abgedeckt und ebenfalls fixiert..

Nach der endgültigen Trocknung kann die Tragetasche in Gebrauch genommen werden.

Zauberstab Varianten

Einsatzgebiet/Zielsetzung

Dies ist eine bekannte Übung, die fast universell einzusetzen ist: vom einfachen "Muntermacher" mit viel Spaß und auch Erstaunen bis zur hochkomplexen Übung mit Auswertungskriterien wie "Konzentration" , "Kommunikation im Team", "koordiniertes Handeln", "Moderation", "Führung", und und und ...

Fast jeder Trainer kennt die Übung mit einem Zollstock als "Zauberstab". Hier werden Varianten und Erweiterungen dieser beliebten Übung präsentiert.

Durchführung im Training

Die Übung Zauberstab in der "Klassischen Variante" wird mit dem Zollstock durchgeführt. Mit einem Zollstock ist sie geeignet für bis zu acht Personen. Bei größeren Gruppen kann man zwei Zollstöcke mit Klebestreifen aneinander heften oder zwei Gruppen im Wettbewerb arbeiten lassen.

Die Teilnehmer einer Gruppe stehen sich gegenüber und bilden mit den in Schulterhöhe gehaltenen Armen einen "Reißverschluß".

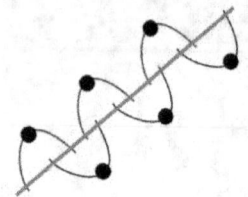

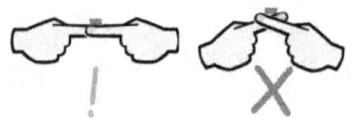

Die Hände werden mit ausgestreckten Zeigefingern waagrecht gehalten, dann wird vom Trainer der "Zauberstab" aufgelegt.

Die Aufgabe des Teams ist es, den Stab am Boden abzulegen. Dabei muss jedes Teammitglied immer von unten den Stab berühren. Der Stab darf nur dann durch Wegziehen der Hände fallen gelassen werden, wenn alle mit den Händen Bodenkontakt haben.

Die Kontrolle der Einhaltung der Spielregeln ist schwierig. Soll man als Trainer streng sein und jeden kleinen "Kontaktverlust" anmahnen und mit "zurück in die Ausgangsposition" sanktionieren? Soll man besser großzügig sein? Es gibt kein Patentrezept.

Varianten im Training

Papierröhre

Was macht man als Trainer, wenn man die Übung durchführen will und keinen Zollstock dabei hat? Wahrscheinlich kann man im Seminarhotel einen ausleihen, aber es gibt andere Alternativen, die zusätzlich noch einige interessante Variationsmöglichkeiten bieten. Stellen Sie z.B. aus Flipchart-Papier leichte Röhren her. Ein Vorteil: durch Aneinander- kleben mit Klebestreifen kann man den Zauberstab "unendlich" verlängern. Wenn Sie einen Flip-Bogen in vier Streifen zerschneiden, ergibt das

ergibt bis zu 4m Röhre. Sie können sich sicher den Spaß vorstellen, den eine Großgruppe mit 30 oder mehr Teilnehmern hat, wenn sie diese Aufgabe lösen soll.

Sie können den Schwierigkeitsgrad der Aufgabe steigern, wenn Sie in die Röhre eine Glaskugel oder Murmel legen. Zusatzbedingung für die Teilnehmer ist, dass die Kugel auf keinen Fall aus der Röhre herausfallen darf. Bei entsprechend großem Durchmesser der Röhre geht auch ein Tischtennisball. Die Tischtennisball-Variante ist etwas einfacher als die mit einer Glaskugel, da der Tischtennisball bei "Schieflage" der Röhre nicht so stark beschleunigt.

Offenens U-Profil

Der Schwierigkeitsgrad der Papiervariante des Zauberstabs lässt sich noch steigern. Verwenden Sie statt der relativ stabilen Röhre ein oben offenes U-Profil. Auch dieses Profil kann beliebig verlängert werden. Der Clou: da dieses Profil sehr leicht nach unten durchknickt, wenn es über eine längere Strecke nicht von unten gestützt wird, ist die Versuchung gering, den Finger vom Papier wegzunehmen. Der Schwierigkeitsgrad steigt auch hier weiter, wenn eine Glaskugel in das Profil gelegt wird. Geben Sie hier die Zusatzanweisung, dass das Profil auf keinen Fall einen Knick erhalten darf.

Beide Rohr-Varianten, sowohl die geschlossene Röhre als auch das oben offene U-Profil, können Sie durch eine weitere Zusatzschwierigkeit **extrem** herausfordernd gestalten. Stellen Sie auf den Boden einen Karton oder einen anderen Behälter mit einer **seitlichen** Öffnung. Die Aufgabe des Teams besteht darin, die Kugel von der Ausgangslage in Schulterhöhe durch diese Öffnung in den Karton zu befördern.

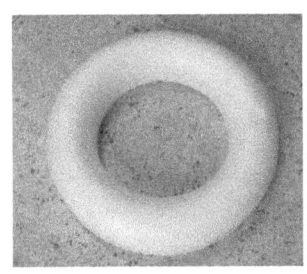

Styropor-Ring

Muss es unbedingt ein Zauber-**Stab** sein? Warum nicht ein Zauber-**Ring**? In Bastelgeschäften, aber auch im Blumenladen gibt es Styroporringe in allen Größen, die zum Binden von Kränzen gedacht sind.

Die Teilnehmer stehen "Schulter an Schulter" im Kreis, Gesicht zur Mitte und halten die Hände mit ausgestreckten Zeigefingern in die Mitte. Dort wird der sehr leichte Styroporring aufgelegt, der weitere Verlauf der Übung entspricht ansonsten dem klassischen Vorgehen.

Statt "Schulter an Schulter" zu stehen, kann man auch hier variieren: lassen Sie die TN sich im Kreis hintereinander aufstellen, d.h. jeder sieht den Rücken der Person vor sich. Eine Hand zeigt ausgestreckt mit dem Zeigefinger in die Mitte des Kreises, die andere Hand liegt auf der Schulter der davor stehenden Person. Nun wird der Ring aufgelegt, der weitere Verlauf der Übung ist wie weiter oben beschrieben.

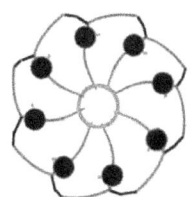

Eine lustige Variante: die so untereinander in Kontakt stehende Gruppe soll sich im Raum bewegen, so dass immer einzelne Gruppenmitglieder rückwärts und seitwärts gehen müssen. Dabei darf niemand den Kontakt zum Ring verlieren, und er darf nicht herunterfallen.

Transport-Ring

Einsatzgebiet/Zielsetzung

Ähnlich wie bei der Schreibmaschine geht es bei dieser Übung darum, Kommunikations- und Abstimmprozesse zur Optimierung der Zusammenarbeit erlebbar zu machen. Aber auch im Führungstraining, besonders für "Führen von Teams", ist diese Aufgabe mit dem kleinen Transportinstrument sehr gut zu verwenden.

Durchführung im Training

Die Trainingsgruppe hat die Aufgabe, einen Gegenstand von Punkt A nach Punkt B zu transportieren. Zum Üben empfiehlt es sich, je nach Größe des Transportgerätes einen Tischtennis- oder Tennisball zu verwenden. Als Verschärfung kann man später auch ein rohes Ei transportieren.

Als Transportgerät dient ein Stahlring, an dem so viele Schnüre befestigt sind wie Teilnehmer als Transporteure an der Übung beteiligt sind.

Jeder Transporteur hält eine mit dem Stahlring verbundene Schnur in der Hand. Jeder muss den durch die Schnurlänge vorgegebenen maximalen Abstand zum Stahlring und dem darauf liegenden Transportgut einhalten.

Zur "Verschärfung" der Aufgabe kann die Spielregel eingeführt werden, dass alle Schnüre gespannt sein müssen, es darf keine "Durchhänger" geben. Als Sanktion für das "Durchhängen" bietet es sich an, den betroffenen Teilnehmer "erblinden" zu lassen.

Varianten im Training

Einige oder alle Transporteure können schon von Beginn an "blind" sein, um einen höheren Schwierigkeitsgrad herzustellen. Zum "erblinden lassen" der Teilnehmer verwenden Sie am besten Schlafbrillen, die in Outdoor-Ausrüstungsgeschäften preiswert erhältlich sind.

Die sehenden Transporteure dürfen das Transportgerät und die "Blinden" nicht berühren, nur verbale Kommunikation ist erlaubt.

Das Team kann entweder selbst organisiert arbeiten, oder – z.B. im Führungstraining – mit einer ausgewiesenen Führungskraft, welche das Transportteam zum Ziel steuern soll.

Es ist auch sehr reizvoll, einen Wettbewerb zwischen zwei Teams zu veranstalten: der Startpunkt von Team A ist das Ziel des Teams B, und umgekehrt. Bei dieser Variante wird manchmal versucht, das gegnerische Team aktiv zu behindern oder sogar zu sabotieren. Zur Klärung dieser potenziellen Streitfälle oder Konflikte hat es sich bewährt, wenn vor Beginn des Wettbewerbs jedes Team einen "Delegierten" für ein Schiedsgericht bestimmt, welche dann im Streitfall im Konsens entscheiden. Diese Konsensbildungs- und Entscheidungsprozesse können mit großem Nutzen für alle im Feedback nach der Übung aufgegriffen werden.

Unabhängig davon, ob Wettbewerb oder nicht: es macht allen mehr Spaß, wenn der Transportweg durch schwieriges Gelände mit Hindernissen führt. Das Überklettern eines Zaunes, das Überwinden eines Grabens oder eines steileren Hügels sind hervorragende Möglichkeiten dafür.

Bauanleitung

Für die Transportmaschine benötigen Sie:

- Einen Ring aus Holz oder Stahl mit 3 - 4 cm Innendurchmesser. Mit 4 cm kann aber kein Ei mehr transportiert werden.
- Für jeden Transporteur eine Schnur, mindestens 2 m lang, die an den Ring geknotet wird.
- Transportgut: Tennisbälle, Tischtennisbälle, Golfbälle, Glaskugeln, Eier (gekocht oder noch besser: **roh!)**
- Zwei leere Wasserflaschen (oder zum Teil gefüllt für mehr Standsicherheit) als Start- und Zielpunkt des Transports.
- Ausreichend Augenbinden für die Transporteure.

Problemlösung

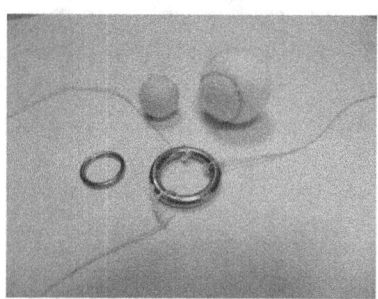

Materialbeispiele:

Ein Stahlring (4 cm Durchmsser) mit Schnüren, ein Messingring mit 3 cm Durchmesser, dazu je ein Tischtennis- und Tennisball

Ring und Ball liegen auf dem Startpunkt (leere Wasserflasche). Genau so muss der Ball später auf der Zielflasche liegen.

Schwebende Nägel

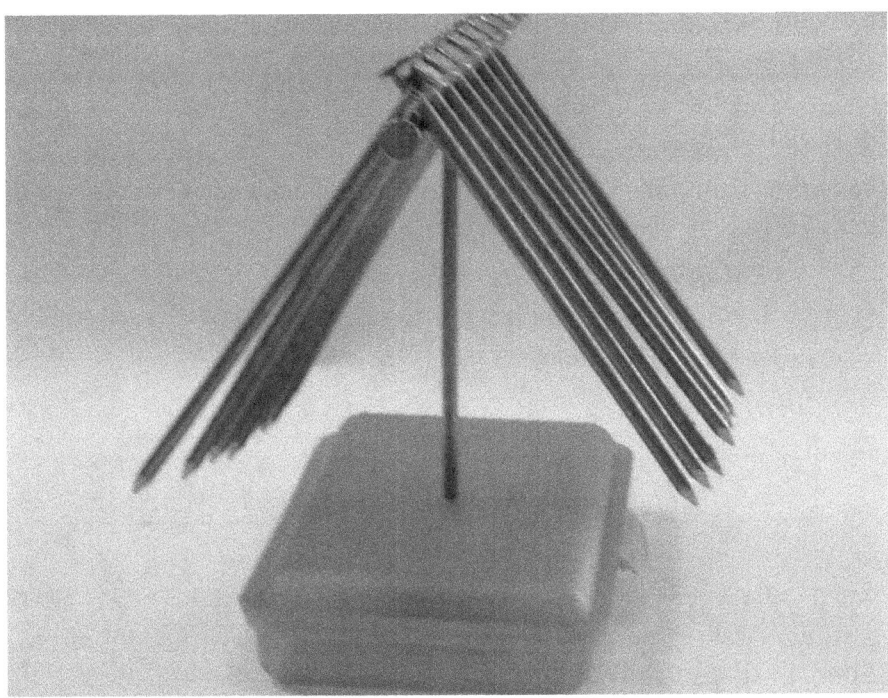

Einsatzgebiet/Zielsetzung

Dieses Spiel eignet sich hervorragend für den Einsatz im Kreativitätstraining oder Training von Problemlösungstechniken, um neue Ideen auszuprobieren oder Mut zum Risiko zu entwickeln. Es dient auch sehr gut zur Auflockerung nach längeren Diskussionsphasen oder nach der Mittagspause.

Durchführung im Training

Dieses Spiel hat mittlerweile einen relativ hohen Bekanntheitsgrad erreicht. Fragen Sie deshalb vorher, wer von den Teilnehmern die Lösung kennt.

Diejenigen können dann als Beobachter des Teamprozesses fungieren, um den anderen hinterher Feedback zum Verhalten und zum Prozess zu geben.

Stellen Sie die Box auf den Tisch, stecken Sie den ersten Nagel senkrecht ein und formulieren Sie die Aufgabe:

> *Legen Sie ohne weitere Hilfsmittel so viele Nägel wie möglich auf den Kopf des senkrecht stehenden Nagels.*

Auch ein Wettbewerb zwischen mehreren Gruppen kann spannende Erkenntnisse liefern: z.B. "Wie wirkt sich Konkurrenz oder Leistungsdruck auf Kreativität aus".

Ein Beispiel: Sie haben zwölf Teilnehmer im Training, drei davon kennen das Spiel. Sie könnten nun drei Gruppen zu je drei Teilnehmern bilden und jeder Gruppe einen Beobachter zuordnen.

Wenn Sie nur zwei Nagelboxen zur Verfügung haben, dann bilden Sie eine Vierer- und eine Fünfer-Gruppe und ordnen der kleineren Gruppe einen, der anderen zwei Beobachter zu.

Mehr als fünf Teilnehmer sollte eine Gruppe nicht haben.

Bauanleitung

Materialliste:

- Nägel 6mm x 180 mm. Ein Paket mit ca. 24 Stück kostet im Baumarkt ca.5 Euro.
- Eine Plastikbox mit Deckel, ca. 20 x 12 x 4 cm, ca. 3 Euro.
- Ein Stück Vierkantholz, ungefähr 8 cm lang, ca. 3 cm hoch und ca. 4 cm breit.
- 4 kleine Holzschrauben.

Befestigen Sie das Holz in der Box genau in der Mitte.

Drehen Sie danach die vier kleinen Holzschrauben von unten durch den Boden.

Schließen Sie nun die Box und bohren Sie von der Oberseite ein Loch mit 6mm Durchmesser genau in der Mitte durch den Deckel in das Vierkantholz. Dies dient später zur Aufnahme des senkrecht stehenden Nagels. Zum Transport passen alle Nägel in die Box, so dass Sie alles Nötige mit einem Griff einsatzbereit haben.

Problemlösung

1. Einen Nagel hinlegen, die anderen abwechselnd rechts und links mit dem Kopf nach innen auflegen.

2. Einen Nagel in der Mitte auflegen, den Kopf entgegengesetzt zum ersten Nagel.

3. Das ganze vorsichtig am unteren Nagel anheben. Wenn Sie dafür zwei Hände benutzen, geht es leichter.

4. Mittig auf den senkrecht stehenden Nagel setzen, fertig!

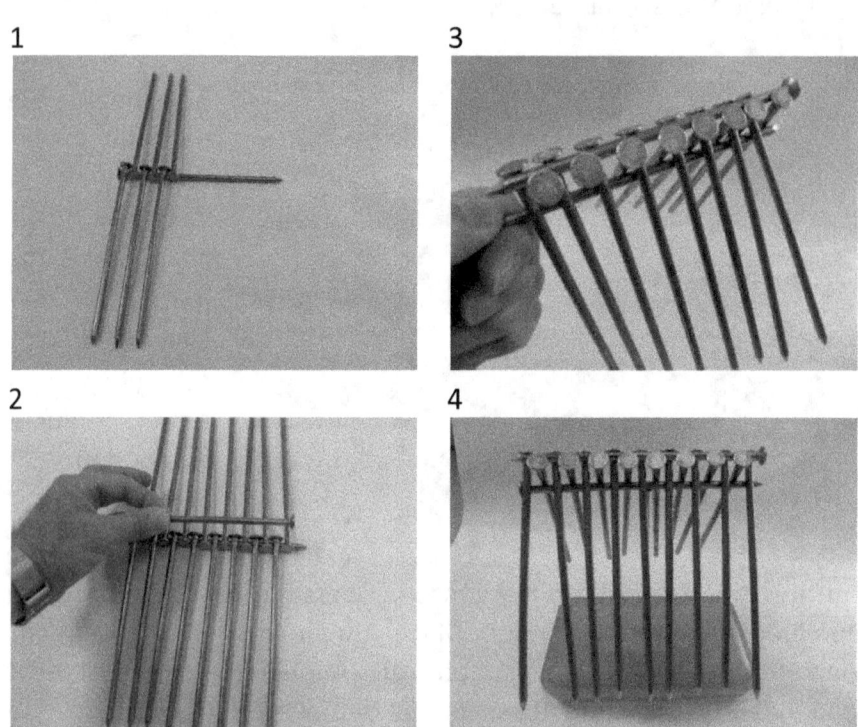

1

3

2

4

Papierflugzeugbau

Einsatzgebiet/Zielsetzung

Diese kleine Bastelaufgabe bietet hervorragende Möglichkeiten, Führung, Kommunikation und Zusammenarbeit in einem größeren Team zu beobachten und dies zum Gegenstand intensiver Feedbackprozesse zu machen.

Diese Übung gibt es als ausgearbeitetes Planspiel auf DVD mit allen Unterlagen zum Ausdrucken für 10-17 Teilnehmer. Information:
http://www.gerhard-etzel-training.de/verhaltensplanspiel *(dynamic fly)*

Durchführung im Training

 Im einfachsten Fall erhalten die Teilnehmer das Blatt mit dem Schnittmuster, genügend Baukarton, Hölzer, Büroklammern, Alleskleber und Werkzeug. Geben Sie dazu den Auftrag, in vorgegebener Zeit eine definierte Anzahl von flugfähigen Modellen zu bauen. Operationalisieren Sie den Begriff "flugfähig": Länge und Höhe der Flugstrecke, geradeaus oder im Bogen usw.

Ein Beispiel für die Vorgabe von Qualitäts- bzw. "Abnahmekriterien" aus einem Training:

- Die Flugzeuge müssen mindestens 4 m geradeaus fliegen ohne abzustürzen.

- Dabei ist nach 4 m eine Abweichung von maximal 50 cm rechts oder links von der geraden Flugstrecke erlaubt.

- Nach 2 m Flugstrecke muss die Flughöhe noch mindestens "Tischhöhe" (ca. 80 cm) betragen.

Beobachten Sie, wie das Team die Zusammenarbeit organisiert, wer die Führung übernimmt, welches Qualitätsbewusstsein demonstriert wird. Es ist auch sinnvoll, mit dem Team die zu beobachtenden Feedbackkriterien vorher gemeinsam festzulegen.

Varianten im Training

Wettbewerb

Interessant ist es auch, zwei oder mehrere Teams in Konkurrenz zueinander arbeiten zu lassen: Wer beliefert einen Kunden (Rolle für die Trainer) mit höherer Qualität, schneller, besser, zu günstigeren Preisen?

Innovation/Kreativität

Lassen Sie einige Flugzeuge bauen und geben Sie dann Zusatzaufträge, z.B.:

- Verbessern Sie die Konstruktion des Flugzeuges, so dass es länger fliegt, oder dass es im Kreis fliegt usw.
- Entwickeln Sie einen anderen Flugzeugtyp mit vergleichbaren Abmessungen und unter Verwendung derselben Materialien.

Zusammenarbeit in einer Prozesskette

Diese Variante macht den Aspekt Zusammenarbeit in einem Fertigungsprozess deutlich und stellt die Teilnehmer vor eine ganze Reihe von schwierig zu bewältigenden Führungsaufgaben.

Definieren Sie eine verantwortliche, leitende Führungskraft mit folgenden von je einem Abteilungsleiter geführten Abteilungen:

- Es gibt eine Fertigungsabteilung, die nur die Flügel für das Flugzeug fertigt.

- Eine weitere Abteilung stellt die Rümpfe her.

- Eine dritte Abteilung ist für die Endmontage des Flugzeugs aus Rumpf und Flügel zuständig.

- Es könnte auch noch eine Abteilung "Qualitätsmanagement" sowie eine kaufmännische Abteilung geben.

Change Management

In zwei parallelen Abteilungen eines Unternehmens werden unterschiedliche Flugzeugtypen gefertigt. Mitten in den Arbeitsalltag platzt die Nachricht von der Unternehmensleitung, dass nach den vorliegenden Daten des letzten Geschäftsjahres einer der Typen nicht wirtschaftlich gefertigt werden kann und die Produktion sofort einzustellen ist. Die betroffenen Mitarbeiter müssen in die Fertigung des verbleibenden Flugzeugtyps inte-griert werden.

Bauanleitung

Material

Das Schnittmuster kann im Maßstab 1:1 gegen eine geringe Schutzgebühr beim Autor bestellt werden

Weitere Modelle wie Doppeldecker, Jets usw. sind ebenfalls verfügbar.

Zusätzlich zu der Schablone für das Flugzeug werden zusätzlich folgende Materialien benötigt, wobei die Menge von der Zahl der zu bauenden Flugzeuge abhängt:

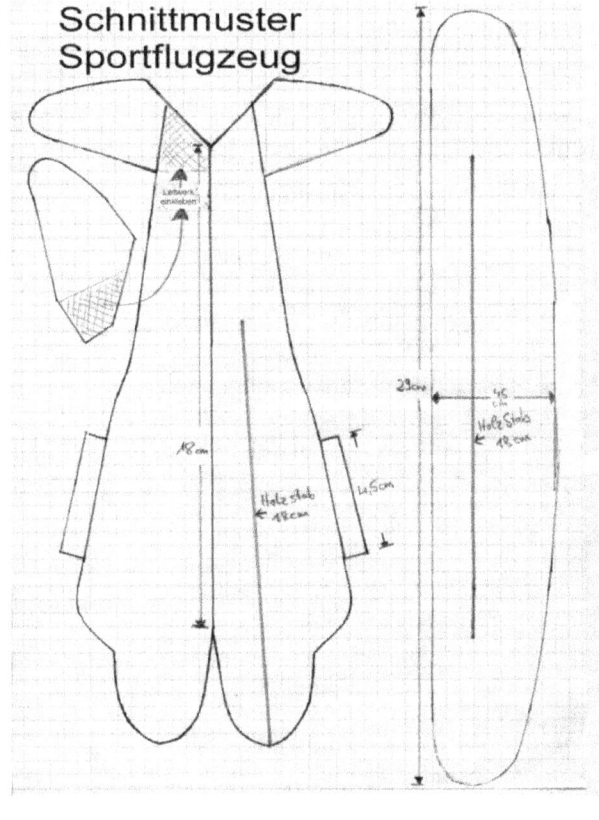

- **Karton**, mindestens 180g/m, 1 DIN A4-Bogen/Flugzeug
- **Holzstäbchen** (Schaschlikstäbchen), 2 Stück/Flugzeug
- **Büroklammern** als Trimmgewichte, 2-5 Stück/Flugzeug
- **Alleskleber**, ideal ist tropffreies Material
- **Werkzeug**: Scheren, Lineale, Bleistifte

Ausführung

Als erstes muss das Schnittmuster auf den Baukarton aufgebracht werden. Wenn Sie es den Teilnehmern leicht machen wollen, dann kopieren Sie das Schnittmuster auf den Karton oder drucken es direkt auf. Eine größere Herausforderung ist es, wenn die Teilnehmer das Schnittmuster selbst auf den Karton aufbringen müssen. Wie erfinderisch sind sie, besonders wenn es gilt, eine ganze Serienproduktion zu realisieren?

Im nächsten Schritt müssen die Einzelteile ausgeschnitten werden. Danach beginnt die Montage.

Das Bild links zeigt den fertig ausgeschnittenen Rumpf; das Seitenleitwerk und ein Holzstab zur Stabilisierung sind bereits eingeklebt.

Der Flügel wird ebenfalls mit einem Holzstäbchen zur Stabilisierung beklebt. Dieses Stäbchen dient später gleichzeitig als Biegekante für das Flügelprofil. Dadurch wird der Flug des Papiermodells ruhiger, und es legt eine größere Strecke zurück.

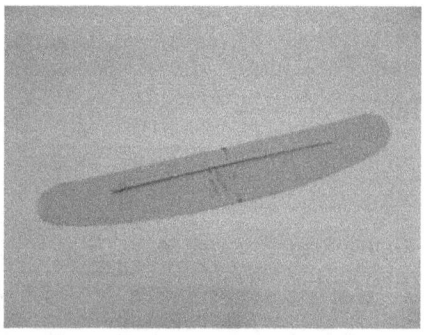

Die Endmontage mit dem Aufkleben der Flügel ist der schwierigste Teil des Flugzeugbaus. Der Rumpf wird innen großflächig mit Alleskleber bestrichen, das Flugzeug exakt symmetrisch zusammen gefaltet und am besten mit Büroklammern fixiert, bis der Klebstoff ausgehärtet ist.

Danach wird der Flügel aufgeklebt und ebenfalls an den Klebestellen mit Büroklammern fixiert.

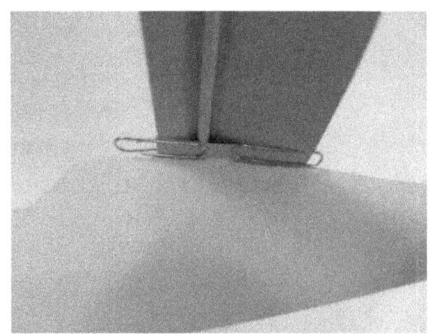

Bei der Flügelmontage ist darauf zu achten, dass das Profil erhalten bleibt. Deshalb wird der Flügel nicht ganzflächig auf der Klebefläche fixiert. Er klebt nur ca. 3 mm an der Vorderkante und maximal 2 cm an der Hinterkante.

Das fertig montierte und ausgehärtete Flugzeug wird am Bug mit einigen Büroklammern als Trimmgewichte beschwert. Die genaue Anzahl und Position muss durch Testflüge ermittelt werden.

Leonardo-Brücke

Einsatzgebiet/Zielsetzung

Bei dieser Übung ist zunächst Kreativität gefordert um eine Problemlösung zu finden. Wenn diese gefunden ist, geht es um Koordination und Zusammenarbeit im Team.

Die Übung macht in der Regel allen Beteiligten viel Spaß, auch wenn Teilnehmer dabei sind, die das Prinzip der Leonardo-Brücke kennen. Speziell dafür werden Ihnen hier einige Varianten präsentiert, die auch für "Kenner" noch sehr anspruchsvoll sind.

Wie überquert man einen Fluss, wenn man nur einige Bretter zur Verfügung hat und Nägel und Werkzeug fehlen?

Die Antwort auf diese Frage gab Leonardo da Vinci schon im Jahre 1483. Seine berühmte "Leonardo-Brücke" besteht ausschließlich aus Holzbrettern bzw. Balken und kann im Vergleich zur Länge der Bretter enorme Distanzen überbrücken. Dabei tragen sich die einzelnen Bretter alle gegenseitig, ohne Nägel, Schrauben oder sonstigen Hilfsmitteln.

Eine sehr schöne nach diesem Prinzip gebaute Brücke (allerdings mit zusätzlichen Stabilisierungselementen) steht auf der Seiser Alm.

Durchführung im Training

Die Basiskonstruktion der Leonardo-Brücke können Sie mit unterschiedlichsten Materialien durchführen:

Schaschlikstäbchen

Vorteile: Einfach zu besorgen, minimale Kosten, kein Transportaufwand; als "Muntermacher" für zwischendurch geeignet.

Nachteile: "handwerklich" nicht einfach, da die runden Stäbchen wenig Reibung haben und das erzeugte Gebilde sehr fragil ist; manchen Teilnehmern vielleicht zu "kindisch", nicht herausfordernd genug.

Holzleisten (rechteckig)

Vorteile: relativ kostengünstig und leicht zu besorgen; spannende Aufgabenstellungen auch im Freien sind möglich; große Spannweiten(4 Meter und mehr) können erzielt werden.

Nachteile: Transport nur mit Kfz wirklich einfach, da im Allgemeinen viele Leisten gebraucht werden und die Holzleisten zur Erzielung großer Brückenspannweiten lang sein müssen. Konstruktionen sind nicht begehbar.

Balken (rechteckig)

Vorteile: Eine echte Herausforderung, da man eine Brücke in Auftrag geben kann, die tatsächlich begehbar ist (mit aller Vorsicht!, siehe Bauanleitung).

Nachteile: hoher Kosten- und Transportaufwand; der bekannte "Risikoschub" im Team muss in Betracht gezogen werden: das Team hat die Tendenz, höhere Risiken einzugehen als es jeder Einzelne für sich tun würde.

Baumpfähle und Bretter

Vorteile: sehr große Konstruktionen sind möglich, daher ist der Anreiz für die Teilnehmer in der Regel sehr hoch. Die Kosten für Baumpfähle sind etwas geringer als für Balken.

Nachteile: Sehr viel Aufwand für Transport. Soll die Konstruktion begehbar sein, sind in der Regel auch Zusatzmaßnahmen zur Stabilisierung (z.B. mit Seilen) nötig, was den Aufwand (Kosten) erhöht. Das Thema "Risikoschub" gilt hier gleichermaßen wie bei der Konstruktion mit Balken.

Äste aus dem Wald

Vorteile: keine Kosten, kein Transportaufwand. Arbeiten mit unbehandeltem Naturmaterial. Die Übung kann spontan ohne Vorbereitung durchgeführt werden, wenn ein Wald mit ausreichend Bruchholz verfügbar ist.

Nachteile: Manche Teilnehmer finden das Suchen geeigneter herumliegender Äste langweilig. Frustration, weil im Allgemeinen die gebaute Brücke wegen des höheren Risikos (morsche Äste!) nicht zur Begehung freigegeben werden kann. Manche Teilnehmer versuchen, die Regel "es darf nichts abgerissen, abgebrochen oder abgeschnitten werden" zu umgehen.

Die einfachste Form der Durchführung eines Leonardo-Brückenbaus besteht darin, dass man einem Team das Material zur Verfügung stellt mit dem Auftrag, eine frei tragende Brücke ohne weitere Hilfsmittel mit größtmöglicher Spannweite zu bauen. Wenn das Team nach einiger Zeit auf keine Lösung gekommen sein sollte, kann man "dezente" Hinweise geben, z.B. "Leonardo da Vinci", "ein sich selbst stabilisierendes System", usw.

Varianten im Training

Bau mit Bewertungskriterien

Eine Steigerung der Anforderung in einem Training kann man dadurch erreichen, dass man "objektive" Bewertungskriterien einführt, z.B.

- Belastungstest mit Gewichten unterschiedlicher Größe (je nach verwendetem Baumaterial). Bei einer begehbaren Brücke kann das z.B. die Anzahl der Personen sein, die gleichzeitig auf die Brücke gehen können.

- Seitenstabilität: hält die Brücke einen seitlich dagegen gelehnten Gegenstand aus? Größe und Gewicht müssen entsprechend dem verwendeten Baumaterial dimensioniert sein.

- Die Spannweite, die überbrückt werden soll. Darf die zu überwindende Strecke vom Bauteam betreten werden oder darf nur von den Endpunkten aus gebaut werden?

- Die zur Verfügung stehende Zeit. Die Zeitvorgaben für "Konzepterstellung" und "Ausführung" können getrennt vorgegeben werden.

- Transport der fertig gebauten Brücke von A nach B. Bauplatz und Ort der Aufstellung sind nicht identisch. Die Transportstrecke kann mit Hindernissen bestückt sein.

- Auf den Kopf stellen: schafft es das Team, die fertige Brücke auf den Kopf zu stellen (d.h. der Bogen zeigt mit der Rundung nach unten, die Brückenfüße nach oben) und dabei so stabil zu halten, dass sie nicht auseinander- bricht?

Wettbewerb

Wenn Sie mehr als 6 Teilnehmer im Training haben, macht es Sinn, verschiedene Teams nebeneinander arbeiten zu lassen. Es liegt dann nahe, einen Wettbewerb zu veranstalten.

Dabei können Sie eines oder mehrere der Bewertungskriterien verwenden:

- Wer baut die stabilere oder die längere Brücke?
- Wer ist schneller fertig?
- Wer kann die fertige Brücke weiter und schneller transportieren?

Schließlich haben Sie auch noch die Möglichkeit, den Wettbewerb mit einer Kooperationsübung zu verknüpfen:

Wettbewerb + Kooperation

Dies ist eine ausgearbeitete Kooperationsübung für drei Teams.

Zielsetzung des Spiels ist es, verschiedene Anforderungen im Zusammenhang mit "Führen von Teams" zu simulieren. In der vorliegenden Form ist das Spiel für einen Gesamtleiter und drei Teamleiter + Mitarbeiter konzipiert.

Als Baumaterial für die Leonardo-Brücken in diesem Spiel brauchen Sie: (siehe auch Bauanleitung)

- 60 Holzleisten, ca. 1m lang, 10x15 mm für die Längsträger
- 30 Holzleisten ca. 30 cm lang, 10x 15 mm (Querträger)
- 10-20 Holzleisten und –stäbe unterschiedlicher Größe und Stärke als "Dummy"-Material.

Die Instruktion an den Gesamtleiter:

- Der Vorstand hat beschlossen, zwischen den Standorten A, B und C Brücken zu bauen.

- Die drei Standorte befinden sich an den drei Tischen im Seminarraum, die Entfernung der Ecken beträgt ca. 2,5 m (siehe Zeichnung).

- Sie haben die Gesamtverantwortung für das Projekt. Jedes Standortteam wird von einem Teamführer geleitet. Die Teamführer sind Ihnen unterstellt.

Zeichnung für Gesamtleiter:

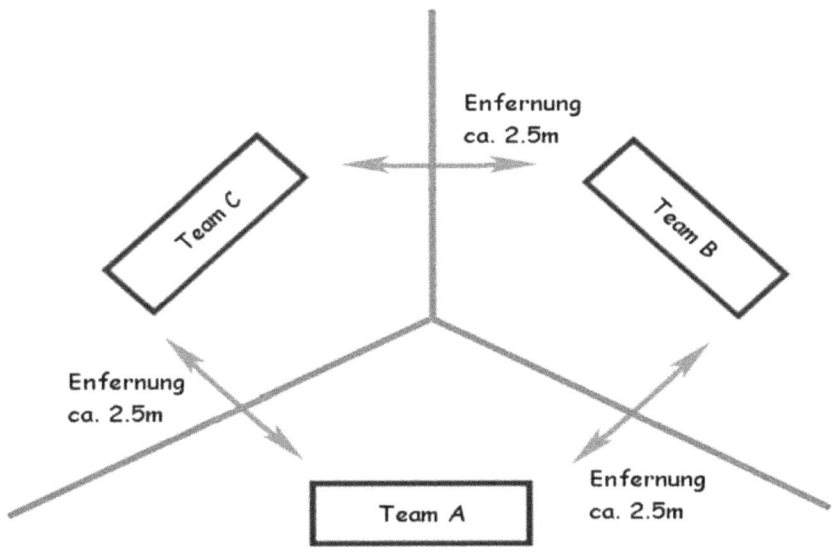

75

Noch zur Instruktion:

Anforderungen an den Bau der Brücken:

- Es darf ausschließlich das von der Leitung bestellte und in der Mitte zwischen den Standorten auf dem Boden bereitgelegte Material benutzt werden. Das Material darf in keiner Weise bearbeitet oder verändert werden.

- Das Team A baut die Brücke von Tisch A nach Tisch B.

- Das Team B baut die Brücke von Tisch B nach Tisch C.

- Das Team C baut die Brücke von Tisch C nach Tisch A.

- **Alle drei Brücken müssen baugleich sein** und dürfen keine Pfeiler oder Stützen haben.

- Die Mitglieder der Standortteams dürfen den im Bild rot markierten Bereich um ihren Standort nicht verlassen, nur die Teamleiter dürfen sich mit Ihnen zur Beratung hier **vor dem Seminarraum** treffen.

- Übertritt ein Teammitglied die Markierung zwischen den Tischen, so wird er für die nächsten 10 Minuten blind, d.h. er muss eine Augenbinde aufsetzen,

---

Interventionsmöglichkeiten für die Trainer:

Neue Ziele

Wenn die Teams Absprachen getroffen haben und erste Baumaßnahmen erfolgt sind, wird der Gesamtleiter über neue Ziele Informiert:

> Die Unternehmensleitung hat entschieden , dass die Verantwortung für den Bau der Brücken neu geregelt werden soll:
>
> - Das Team A baut nun die Brücke von A nach C.
> - Das Team C baut nun die Brücke von C nach B.
> - Das Team B baut nun die Brücke von B nach A.

Teamzusammensetzung ändern

> Die Unternehmensleitung hat entschieden, dass zur Verbesserung der Zusammenarbeit von jedem Standort ein Mitarbeiter an einen anderen Standort versetzt werden soll. Bitte sorgen Sie dafür, dass diese Versetzungen in spätestens 10 Minuten vollzogen sind.

Die Intervention sollt spätestens zu einem Zeitpunkt kommen, an dem neben der 10 Minuten "Versetzungszeit" noch weiter 10 Minuten Arbeitszeit vorhanden sind.

Anforderungen (Mindestbelastbarkeit) präzisieren

> Die Unternehmensleitung hat die Kriterien für die Stabilitätsprüfung festgelegt: Jede Brücke muss mindestens eine Rolle aus 10 Blatt Flipchartpapier tragen können.

Bauanleitung

Grundprinzip der Konstruktion

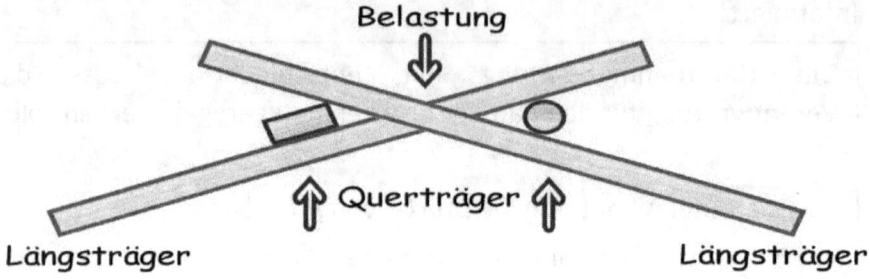

Zwei Balken (Längsträger), die mit Querträgern wie im Bild ersichtlich verkeilt werden, stabilisieren sich umso mehr, je stärker die Belastung in Pfeilrichtung ist. Diese Wirkung ist dann gegeben, wenn die "Haltekraft" durch die Reibung des Querträgers auf dem darunter liegenden Längsträger ausreichend ist.

Hier liegt auch das Problem der Rundbalken: Die Reibungsfläche ist klein und damit auch die Stabilität. Deshalb sollten bei Brücken, die begehbar sein sollen, zumindest die Querträger rechteckig sein, am besten aus dickeren Brettern.

Ein weiteres Problem bei größeren Brückenkonstruktionen ist die Seitenstabilität. Da die Brücke nur an den insgesamt vier Balken an beiden Enden aufliegt, steigt das Risiko, nach der Seite umzukippen, je länger die Brücke ist. Auch hier gilt: **runde** Längsträger lassen dieses Risiko sehr stark ansteigen. Soll die Brücke begehbar sein, **müssen** zusätzliche Stabilisierungsmaßnahmen ergriffen werden. Am Besten ist es, begehbare Brücken auch dann zu sichern, wenn nur rechteckige Längsträger verwendet werden. Gut geeignet ist die Fixierung aller Balkenkreuzungen mit Seilen.

Aubau

Der Aufbau einer Leonardo-Brücke wird hier am Beispiel einer Konstruktion mit Schaschlikstäbchen gezeigt. Dieses Konstruktionsprinzip gilt unabhängig vom Material.

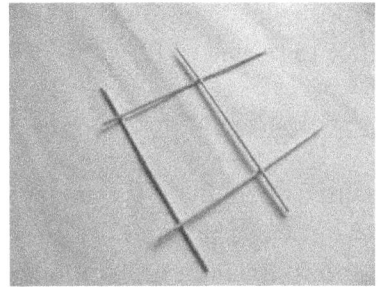

Ein Querträger wird auf den Bodengelegt, die ersten beiden Längsträger werden im rechten Winkel mit einer kurzen Überlappung darüber ausgelegt.

Nun wird genau in die Mitte der Längsträger ein Querträger gelegt.

Im nächsten Schritt wird die Konstruktion an dem **unteren** Querträger (hier im Bild Links) angehoben und die beiden nächsten Längsträger unter diesem Querträger eingefügt, und zwar soweit, dass die Enden dieser neu

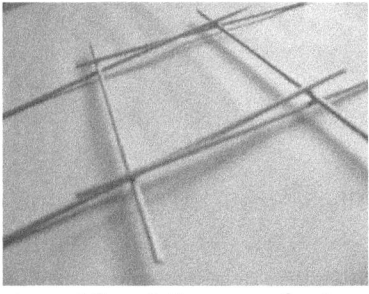

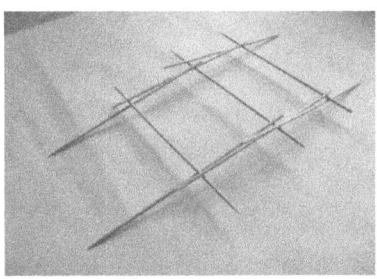

eingefügten Längsträger **auf** dem mittleren Querträger liegen.

Nach diesem Prinzip wird weitergebaut: Am Ende einen Querträger unterlegen, an diesem anheben, zwei neue Längsträger einfügen und mit ihren Enden auf dem davor liegenden Querträger abstützen.

Stellen Sie den Bauteams jeweils mindestens 20 gleich lange Hölzer als Längsträger zur Verfügung. Die Querträger können kürzer sein, benötigt werden 50% der Anzahl der Längsträger.

Problemlösungen

Eine Leonardo-Brücke aus Holz-leisten (1m lang, 10 x 15 mm stark).

Die Brücke im linken Bild wurde aus insgesamt 27 rechteckigen Holzleisten aufgebaut und hatte eine Gesamtlänge von ungefähr 3,80 Metern.

Beim Versuch, das nächste Element einzufügen fiel sie nach der Seite um.

Hier versucht ein Team im Seminar, eine begehbare Brücke über einen Bach zu bauen. Als Material stehen Holzbalken mit einem Durchmesser von 10 cm in verschiedenen Längen zur Verfügung. Wegen der oben schon geschilderten nicht ausreichenden Haltekraft

der runden Balken muss die Konstruktion mit Halteseilen und Querverstrebungen gesichert werden.

Ein Brücke aus Baumpfählen und Brettern. Die Baumpfähle sind ungefähr 2 Meter lang und haben einen Durchmesser von 7 cm. Die Belastbarkeit in Bezug auf Durchbiegung und Bruchsicherheit der Materialien würde ausreichen, die Brücke zu begehen. Wegen der runden Längsträger ist aber keine  ausreichende Seitenstabilität gegeben. Dies wird in der nächsten Fotografie deutlich:

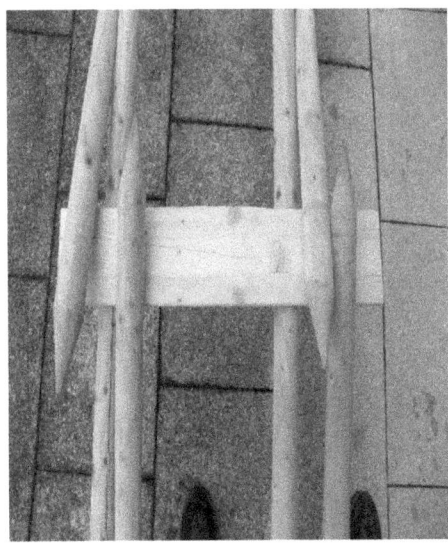 Die Brücke ist nicht gegen quer wirkende Kräfte, insbesondere seitliche Rollbewegungen gesichert. Abhilfe könnte hier dadurch geschaffen werden, dass jeweils zwei aneinanderliegende Balken durch Seile miteinander verbunden werden und die Querträger (die Bretter) zusätzlich durch kreuzweise geknüpfte Seile fest auf den darunter liegenden Balken fixiert werden.

Zum Abschluss noch eine Fotografie eines besonders gelungenen Exemplars einer Leonardo-Brücke aus Freiburg, die dort anlässlich des Jubiläums "50 Jahre Architektenkammer Baden-Württemberg" aufgebaut wurde. Das Bild stammt aus wikipedia.org und wurde dem Autor von Tools + Spiele vom Fotografen Florian Straub freundlicherweise zur Verfügung gestellt.

Pipelinebau

Dies ist eine Übung, bei welcher der Trainer selbst handwerklich nicht gefordert ist, er muss nur einkaufen. Selbst das kann jedoch durch eine entsprechende Aufgabenstellung an die Teilnehmer vermieden werden.

Wenn Sie als Trainer jedoch aus eigener Erfahrung wissen wollen, welche Anforderungen an das handwerkliche Geschick Ihrer Teilnehmer gestellt werden, dann bauen Sie zumindest ein kleines Teilstück einer Pipeline einmal selbst.

Einsatzgebiet/Zielsetzung

Diese Übung kann für sehr viele Zielsetzungen genutzt werden:

1. Im **Teamtraining**, um Kommunikationsprozesse, Arbeitsorganisation, Beziehungen und Gefühle im Team deutlich zu machen.

2. Im **Führungstraining**, wo neben allgemeiner Kommunikation die Themen "Einbindung der Mitarbeiter", "Information", "Zielvereinbarung und Delegation" besonders angesprochen werden.

3. Im **Projektmanagementtraining** liefert die Übung u.a. wertvolle Erfahrungen zu den Themen "Ziel- und Auftragsklärung", "Planungsprozesse", "Risikomanagement", "Projektcontrolling" und "Lessons Learned"-Meetings.

Durchführung im Training

Die Übung kann sowohl "Indoor" als auch "Outdoor" durchgeführt werden und ist in der Komplexität beliebig variierbar. Auch die Anforderungen an die handwerklichen Fähigkeiten der Mitarbeiter sind steuerbar.

Aufgabe für die Trainingsteilnehmer ist es, eine Pipeline zu konstruieren und aufzubauen, mit der Bälle oder Kugeln über eine Strecke transportiert werden sollen. Die Materialien für den Bau können entweder vom Trainer bereitgestellt werden, oder die Teilnehmer "besorgen" sich diese im Seminarraum oder in der Umgebung selbst (siehe Bauanleitung).

Sehr einfache Variante:

Die Teilnehmer haben Plastikrohre und Rundhölzer zur Verfügung und bauen nach einem vorgegebenen Plan.

Etwas komplexer:

Die Pipeline wird im Freien aus Papier gebaut. Als Stützen könn-en Rundstäbe verwendet werden, die einfach nur in den Boden gesteckt werden. Die Röhre wird aus Flipchartpapier gefertigt.

Die Länge der Pipeline richtet sich nach der Teilnehmerzahl und der zur Verfügung stehenden Zeit. Rechnen Sie bei einer Planungs- und Bauzeit von 90 min mit 1 m Pipeline/Teilnehmer.

Hochkomplex und schwierig:

Die Pipeline wird in schwieriger Umgebung mit Gefälle, Hindernissen, Kurven usw. gebaut. Die Kugeln oder Bälle müssen Teilbereiche im freien Fall zurücklegen. Die Röhre wird aus Flipchartpapier gefertigt und muss leichten Regen aushalten (siehe Bauanleitung). Die Stützen dürfen nur aus in der Umgebung gefundenen herumliegenden Aststücken gebaut werden.

Rechnen Sie auch hier mit 1 m Pipeline/Teilnehmer, aber setzen Sie mindestens 3 Stunden Planungs- und Bauzeit an. Diese Variante ist besonders geeignet für einen mehrstufigen Trainingsprozess.

Bauanleitung

Besichtigen Sie auf jeden Fall vorher das Gelände für den Pipelinebau.

Wenn Sie im Haus (Hotel) bauen lassen wollen, dann dürfen keine anderen Gäste durch den Bau behindert oder belästigt werden. Für einen Pipelinebau im Freien benötigen Sie die Erlaubnis des Eigentümers. Vereinbaren Sie mit ihren Teilnehmern Spielregeln zum Naturschutz! Achten Sie bei schwierigem Gelände mit steilem Gefälle, steinigem Untergrund oder Wasserläufen auf die Sicherheit der Teilnehmer.

Materialien:

- Ideal als **durch die Pipeline zu transportierendes Gut** sind Glaskugeln von unterschiedlichem Durchmesser und Gewicht. Kaufen Sie diese in Spielwarenläden. Auch Golfbälle sind gut geeignet. Tischtennisbälle sind ebenfalls möglich, wegen ihres geringen Gewichts aber problematisch. Tennisbälle sind wegen ihrer Größe nur mit Abstrichen geeignet.

- Für die **Röhren** können Sie die im Baumarkt erhältlichen preiswerten Plastikrohre (Fallrohre für Abwasser) verwenden. Es gibt sie in verschiedenen Durchmessern, 40 mm Röhren sind gut für Glaskugeln bis 35 mm Durchmesser. Kaufen Sie ausreichend Material für die benötigte Länge und Kurvenstücke in verschiedenen Winkeln, damit Sie eine anspruchsvolle Aufgabe mit mehreren Richtungs- und Gefällewechseln im Verlauf der Pipeline stellen können. Schwieriger für die Teilnehmer wird es, wenn Sie die Röhren aus Flipchartpapier herstellen lassen. Ihr Vorteil: Sie müssen keine Röhren transportieren.

- Als **Stützen für die Röhre** eignen sich Rundholzstäbe aus dem Baumarkt, Durchmesser 8-10 mm und 1 m lang. Diese können entweder in den weichen Untergrund gesteckt oder als Dreibein zusammengebunden werden. Empfehlung: Vereinbaren Sie als Spielregel, dass die Rundhölzer nicht abgesägt, zerschnitten oder zerbrochen werden dürfen. Der Schwierigkeitsgrad der Übung nimmt zu, wenn die Teilnehmer nur in der Natur gefundene Zweige, Äste oder Astgabeln verwenden dürfen. Eine wichtige Spielregel dabei ist, dass nur herumliegendes Material verwendet werden darf, abschneiden, absägen oder abreißen ist nicht erlaubt.

- **Regenschutz** für Papierröhren kann mittels haushaltüblicher Frischhaltefolie (Klarsichtfolie) hergestellt werden. Eine Rolle hat 50 m und sollte ausreichen. Alufolie ist ebenfalls geeignet.

- Als **Klebe- und Verbindungsstoffe** sollten Sie Kreppband (Malerband), Paketklebeband aus Kunststoff und Alleskleber bereithalten. Schnur (z.B. Polypropylen Netzschnur 1,2 mm) ist ebenfalls sinnvoll und wird von Teilnehmern manchmal auch als Aufhängung für schwierige Teilstrecken der Pipeline genutzt.

- **Werkzeug** wird nicht benötigt, wenn Plastikröhren für die Pipeline verwendet werden, denn die Klebestreifen für die Befestigung können auch von Hand abgerissen werden. Für Papierröhren benötigen die Teilnehmer Scheren oder Federmesser. Lineale und Stifte brauchen Sie, wenn Sie Pläne und Zeichnungen anfertigen lassen. Ein Bandmaß mit ca. 20 m Länge und ein bis zwei Zollstöcke sind ebenfalls wichtig. Sie können das Werkzeug auch zu einer "knappen Ressource" werden lassen. Zum Kürzen herumliegender Äste können Sie für die Teilnehmer eine kleine Astsäge bereitstellen.

- **Sonstiges**: Zur Markierung des gewünschten Streckenverlaufs ist rot-weißes Absperrband sinnvoll.

Problemlösungen

Stütze mit Zweibein aus Aststücken

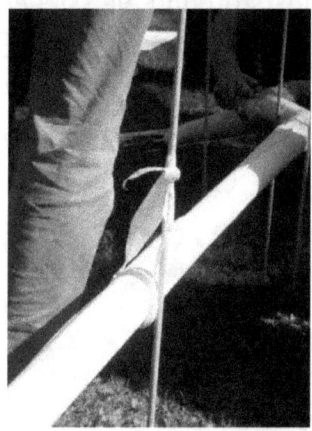

Einfache Stütze mit Stab

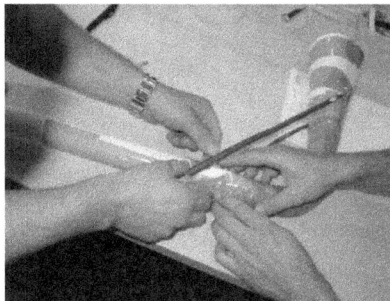

Auffangvorrichtung für frei fallende Kugel

Detail aus Röhren-konstruktion mit Folie als Nässe-schutz

Pipeline für Tennisbälle

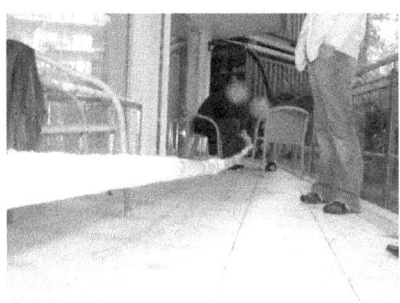

Eine Pipeline wird genäht

Versuchsaufbau

Die Kugel rollt

Heißluftballon

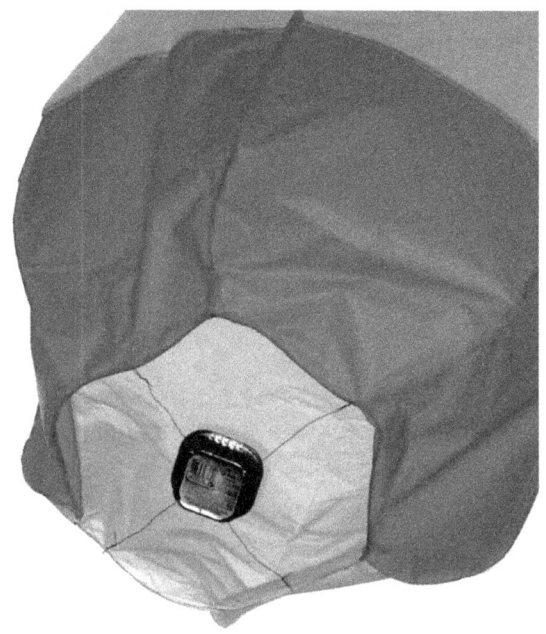

Dies ist eine Übung, bei welcher der Trainer selbst handwerklich nicht gefordert ist, er muss nur einkaufen.

Wenn Sie als Trainer aus eigener Erfahrung wissen wollen, welche Anforderungen an das handwerkliche Geschick der Teilnehmer diese Übung stellt, dann bauen Sie selbst einmal einen Heißluftballon.

Der Bau eines Ballons ist auch mit Kindern eine spannende Aufgabe oder der Hit beim Gartenfest oder der nächsten Silvesterfeier: alle werden den im Dunkeln leuchtenden Ballon bewundern.

Einsatzgebiet/Zielsetzung

Diese Übung kann für sehr viele Zielsetzungen genutzt werden, z.B.:

- Im **Teamtraining**, um Kommunikationsprozesse, Arbeitsorganisation, Beziehungen und Gefühle im Team deutlich zu machen.

- Im **Führungstraining**, wo neben allgemeiner Kommunikation die Themen "Einbindung der Mitarbeiter", "Information", "Zielvereinbarung und Delegation" besonders angesprochen werden.

- Im **Projektmanagementtraining** liefert die Übung wertvolle Erfahrungen zu vielen Themen wie "Ziel- und Auftragsklärung", "Planungsprozesse", "Risikomanagement", "Projektcontrolling" und "Lessons Learned"-Meetings.

Durchführung im Training

Der eigentliche Bau des Ballons erfolgt "Indoor", während der Flug des fertigen Ballons nur im Freien stattfindet.

Eine herausfordernde Zieldefinition für ein Bauteam:
1. In 60 Minuten muss der Ballon fliegen.
2. Er soll mindesten 5 m hoch steigen.
3. Er darf nicht davonfliegen.
4. Er muss sich mindestens eine Minute in der Luft halten.
5. Er darf nicht verbrennen.

Beobachtungs- und Feedback-Kriterien können z.B. sein:

- wie organisiert sich das Team?;
- wie werden die Aufgaben verteilt?;
- wer übernimmt Führung?; usw.

Varianten im Training

1. Zwei Teams müssen exakt identische (Größe, Form und Farbe) Ballons bauen. Sie arbeiten in getrennten Räumen, dürfen dabei nur über Gesandte kommunizieren, die Ressourcen sind knapp, usw. Die Ballons müssen am Ende gleich hoch und gleich lange fliegen.

2. Das Bauteam darf nicht nach Plan bauen, sondern muss einen in Größe oder Form abweichenden Ballon konstruieren.

Egal welche Variante Sie im Training durchführen: achten Sie unbedingt auf die **Sicherheit** und sorgen Sie für einen Sicherheits-Beauftragten im Bauteam mit der Aufgabe "aktiver und passiver Feuerschutz".

Im Hochsommer oder nach längerer Trockenheit ist die Aufgabe "Heißluftballon" wegen der damit verbundenen Brandgefahr nicht angebracht.

Bauanleitung

Materialien:

- **Die Hülle** des "klassischen" Modells ist nur aus Seidenpapier (20g/m²) gefertigt. Sie benötigen 9 Bögen von je 50 x 70 cm, erhältlich in gut sortierten Schreibwaren- oder Bastelgeschäften. Ein paar cm mehr oder weniger sind nicht so wichtig, solange das Volumen des Ballons nicht deutlich kleiner wird. Sie können auch eine Variante aus Seidenpapier kombiniert mit Polyäthylenfolie bauen lassen. Sehr gut geeignet sind dafür z.B. die üblichen Haushaltsmüllbeutel mit 20 Liter Fassungsvermögen. Die Folie ist mit ca. 10g/m² deutlich leichter, aber sehr hitzeempfindlich. Deswegen sollte der dem Brenner nahe liegende Teil der Ballonhülle auf jeden Fall aus Seidenpapier gefertigt werden.

- Für **die Feuerschale** sind die kleinen Alu-Behälter, in denen Katzenfutter verkauft wird, hervorragend geeignet. Sie können auch Stücke aus Alu-Grillschalen ausschneiden. Normale Alufolie ist zu dünn, sie hält die Hitze nicht aus.

- Die **Aufhängung der Feuerschale** wird aus Blumendraht gefertigt. Dieser wird am unteren offenen Sechseck der Ballonhülle befestigt. Wichtig: die Oberkante der Feuerschale muss sich auf gleicher Höhe befinden wie die Unterkante der Ballonhülle.

- Die sechseckige **Feueröffnung** in der Ballonhülle wird mit sechs Schaschlik-Stäbchen von 18 cm Länge stabilisiert. Diese werden in die Unterkante der sechs Bahnen eingeklebt. Als Alternative kann hier auch Blumendraht verwendet werden.

- Als **Klebstoff** ist jeder handelsübliche Alleskleber geeignet.

- Als **Brennstoff** eignen sich Esbit- oder Grillanzünder-Würfel. Eine weitere Alternative: einen mit reichlich Spiritus getränkten Wattebausch in die Feuerschale legen oder sogar Die **Fesselschnur** (z.B. Polypropylen-Schnur) darf nur mit einem zusätzlichen Drahtbügel am Ballon unten befestig werden, damit sie durch die Hitze der Feuerschale nicht abbrennt und der Ballon unkontrolliert davon fliegt.

Der "klassische" Ballon

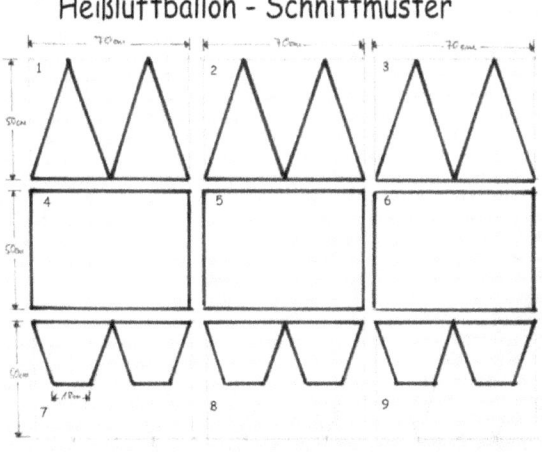

Heißluftballon - Schnittmuster

Der "klassische" Ballon wird aus 9 Bögen Seidenpapier gebaut (siehe Materialien). Aus den oberen drei Bögen werden 6 Dreiecke zuge-schnitten. Statt der glatten Dreiecke kann man für eine noch schönere Form Rundbögen schneiden, das ist aber schwieriger zu verkleben.

Die sechs Dreiecke auf den Bögen 7-9 werden so abgeschnitten, dass die untere Schnittkante ca. 18 cm lang ist.

Die Bögen werden am einfachsten von oben nach unten zusammengeklebt: Zuerst der Block aus den Bögen 1, 4 und 7, dann

95

der aus 2, 5 und 8 und am Ende der Block aus 3, 6 und 9. Die Endmontage dieser drei Blöcke erfolgt am besten wieder von oben nach unten.

Zum Schluss wird an der unteren sechseckigen Öffnung die Stabilisierung aus Holz oder Draht eingeklebt, dann die Feuerschale befestigt, eine Halterung aus Draht für die Fesselleine angebracht und fertig ist das Flugobjekt.

Problemlösungen

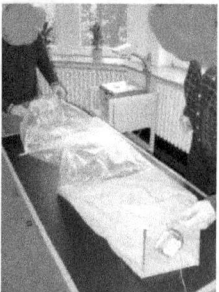

Probefüllung des Ballons mit einem Fön

Eine Alternative: Ballon aus Müllsäcken (Polyäthylenfolie)

Quadratische Feueröffnung mit Holzstäbchen

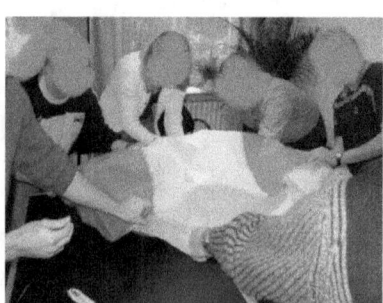

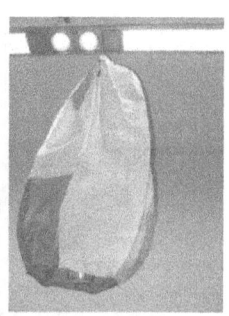

Eine bunte Hülle aus Seidenpapier wird gefertigt

Alle arbeiten an der Verklebung

Der fertige Ballon

Durch das Spinnen-Netz

Einsatzgebiet/Zielsetzung

Mit dieser Übung kommen die Trainingsteilnehmer im wörtlichen Sinn untereinander "in Kontakt". Die Durchführung setzt voraus, dass zwischen allen schon etwas Vertrauen aufgebaut wurde.

Inhaltliche Kriterien für die Auswertung können sein: Umgang mit Fehlern, koordiniertes Handeln, Planung und Organisation, Qualitätsbewusstsein, Verantwortung beim Umgang mit Sicherheitsrisiken.

Die vom Autor favorisierte Variante bietet zusätzlich die Themen Leistungsmotivation, Zielorientierung und Führung.

Durchführung im Training

Zwischen zwei Bäumen (Pfählen, Pfosten) werden Schnüre gespannt, die ähnlich wie ein Netz verschiedene "Löcher" aufweisen.

Am Anfang des Übung stehen alle Teammitglieder auf der gleichen Seite des Netzes. Die Aufgabe des Teams besteht darin, jedes einzelne Teammitglied von einer Seite des Netzes durch eines der "Löcher" auf die andere Seite zu bringen. Die Teammitglieder dürfen die Seiten nur **durch das Netz** wechseln. Diese Aufgabe kann nur gelöst werden, wenn sich die Teammitglieder gegenseitig durch das Netz helfen.

Dabei dürfen die Schnüre nicht berührt werden, weder von der Person, die gerade durch das Netz transportiert wird, noch von den Helfern. Die Frage, wie ehrlich sich das Team bei Netzberührungen verhält, ist eines der Standardthemen für die Auswertung. Üblicherweise wird die Netzberührung dadurch sanktioniert, dass eine vorher festgelegte Zahl von Teammitgliedern zurück auf die Startseite muss und das Netz noch einmal zu durchqueren hat.

In der Literatur wird immer wieder gefordert, dass das Netz so viele "Löcher" wie Teilnehmer haben soll, damit die Regel "jedes Loch darf nur einmal benutzt werden" eingehalten werden kann. Dies hat aber zur Folge, dass der Trainer vor der Übung viel Zeit für das Knüpfen eines großen und komplexen Netzes aufwänden muss. Wir schlagen stattdessen vor, das Netz nur mit 5 "Löchern" zu knüpfen, das geht sehr schnell (siehe Bauanleitung) und bietet ähnlich gute Auswertungsmöglichkeiten wie die "Vollversion".

Vor Beginn der Übung wird festgelegt, dass jedes Loch gleich häufig benutzt werden muss. Man kann sogar die Reihenfolge vorher schon festlegen, so dass die Gruppe dann jeweils entscheiden muss, wer als nächstes durch das vorgegebene Loch gehoben werden soll. Die Gruppe wird nach der Zeit bewertet, die sie braucht, um alle zur anderen Seite zu bringen. Es ist sehr wirkungsvoll, wenn man die Gruppe vorher eine einzuhaltende Zeit als Ziel festlegen lässt.

Ein Loch muss unbedingt **ohne Hilfe von der anderen Seite** benutzbar sein, damit der erste eine Chance hat durchzukommen.

Varianten im Training

Die Lieblingsvariante des Autors kommt ebenfalls mit dem einfachen Netz aus. Beim Netzknüpfen ist darauf zu achten, dass mindestens drei unterschiedliche "Schwierigkeitsgrade" für die benutzbaren Löcher zustande kommen.

Ein Loch ist um so schwieriger zu nutzen, je höher es über "Hüfthöhe" liegt und je kleiner es ist (Höhe und Breite). Auch hier gilt: **ein** Loch muss unbedingt ohne Hilfe von der anderen Seite benutzbar sein.

Alle benutzbaren Löcher werden nun mit "Fähnchen" aus zusammengefaltetem Papier gekennzeichnet. Auf die "Fähnchen der einfachsten Löcher wird "1" geschrieben, auf die mit mittlerem Schwierigkeitsgrad "2" und auf die schwierigsten "3".

Vor Beginn der Übung wird eine Tabelle mit den Namen aller Teilnehmer erstellt (z.B. auf Flipchart) und dort die ungefähren Körpergewichte der Teilnehmer festgehalten.

Eine "Führungskraft" aus dem Teilnehmerkreis wird definiert. Diese erhält folgende Instruktion:

1. Ihr ganzes Team einschließlich Ihrer Person muss von der rechten Seite des Netzes **durch das Netz** zur linken Seite gelangen.

2. Sie dürfen nur die mit Fähnchen markierten Löcher benutzen.

3. Sie dürfen sich dabei gegenseitig beliebig unterstützen, aber jeder nur von der Seite, auf der er sich gerade befindet. Niemand darf die Seite wechseln, es sei denn **durch das Netz**.

4. Die Netzöffnungen dürfen weder in der Größe noch der Form verändert werden, jede Netzberührung ist untersagt. Wenn durch Netzberührung eines oder mehrere der Fähnchen runterfallen, muss das gerade transportierte Teammitglied wieder zurück, unabhängig davon, wer für das gefallene Fähnchen verantwortlich war.

5. Für jedes durch das Netz beförderte Teammitglied gibt es Punkte, und zwar nach folgender Regel: Körpergewicht multipliziert mit dem Faktor, der auf dem Fähnchen des durchquerten Loches steht.

6. Ein Teammitglied, das wegen eines gefallenen Fähnchens zurück muss, "verliert" 10 kg vom Körpergewicht für die Punktzahl (bevor mit dem Lochfaktor multipliziert wird!).

7. Am Ende werden alle Punkte addiert, von diesem Wert wird für jede verbrauchte Minute ab dem Startsignal 1% wieder abgezogen. Das Startsignal kommt, sobald Sie diesen Text zu Ende gelesen haben.

8. **Achten Sie auf die persönliche Sicherheit der Teammitglieder und unterbinden Sie riskante Manöver.**

9. Geben Sie den Trainern am Ende der Übung ein Protokoll mit folgenden Informationen: Reihenfolge der Teammitglieder beim Durchqueren des Netzes, jeweils erzielte Punktzahl der einzelnen Teammitglieder, Gesamtpunktzahl des Teams unter Berücksichtigung der verbrauchten Zeit.

10. Bevor der erste durch das Netz gehoben, wird geben Sie bitte den Trainern bekannt, welche Gesamtpunktzahl Sie mit dem Team erzielen werden. Zur Information: Der "Benchmark" liegt bei *Summe aller Körpergewichte x 1,8*!

Hinweis für Trainer: Sie können statt Punkt 9 der Instruktion auch ein Ziel vorgeben, z.B. *Summe der Körpergewichte x 1,5*. Dieses Ziel wird in der Regel übertroffen, wenn Sie die Netzlöcher mit Faktor "2" oder "3" nicht extrem schwierig machen.

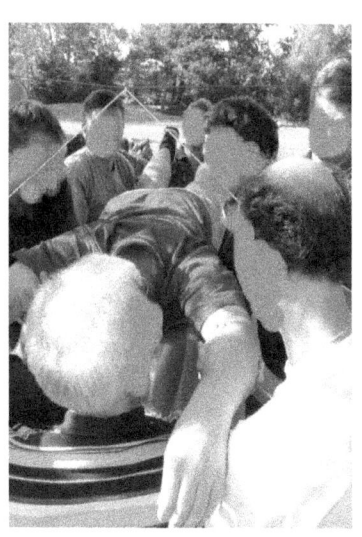

Es ist möglich, eine zusätzliche Schwierigkeit einzuführen: das Teammitglied, das gerade durch das Netz gereicht wird, ist "blind", d.h. es trägt eine Schlafbrille.

Achtung: Stellen Sie unbedingt sicher, dass beim Versuch, ein Teammitglied durch das Netz zu bringen, niemand abstürzen kann. Manche Gruppen haben eine Tendenz zum Risiko und werden leichtsinnig.

Bauanleitung

Dies ist das "Minimalnetz", das für die hier beschriebenen Versionen der Übung völlig ausreicht.

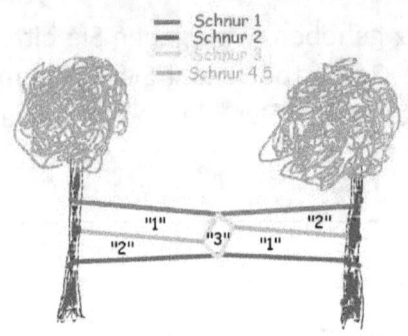

Material:

Als Schnüre verwenden Sie am besten ca. 2 - 4 mm starke farbige Polyamid-Schnur aus dem Baumarkt. Achten Sie auf geflochtene Schnur, an gedrehter Schnur haben Sie nicht lange Freude.

Schnur 1 und 2 sollten 3 – 4 m lang sein. Für Schnur 3 (die Raute in der Mitte) reichen 1,5 m. Die mittleren Schnüre 4 und 5 sind mit jeweils 2 m gut bemessen.

Spannen Sie die untere Schnur **stramm** zwischen den Pfosten zwischen Knie- und Hüfthöhe. Die obere Schnur wird in Augenhöhe ebenfalls sehr **stramm** gespannt. Für die Raute nehmen Sie nun Schnur 3 und knoten Sie diese mit einem Ende in der Mitte Schnur 2 fest. Schnur 3 wird nach oben geführt, zweimal in der Mitte um die obere Schnur 1 geschlungen und dann am Ausgangspunkt unten wieder festgeknotet.

Achten Sie darauf, dass die Schnur 3 bis zu diesem Zeitpunkt nicht zu fest gespannt ist, damit sie genügend nach den Seiten gespannt werden kann.

Lassen Sie das eventuell freie Reststück der Schnur einfach hängen.

Spannen Sie nun mit den Schnüren 4 und 5 die Raute auf. Knüpfen Sie eine Seite am oberen Drittel an, die gegenüberliegende Seite am unteren Drittel. Spannen Sie die Schnüre 4 und 5 nicht zu stramm, damit die Raute nicht zu weit aufgeht .

Die Raute ist dann optimal, wenn eine Person weder waagrecht noch senkrecht gehalten werden kann, um sie durchzuschieben, sondern schräg, etwa im Winkel von 45° zum Boden. Damit ist dies meistens das schwierigste Loch für den Durchgang durch das Netz.

Problemlösungen

Das Netz muss so konstruiert sein, dass die erste Person ohne Hilfe von der anderen Seite durch ein Loch schlüpfen kann. Empfehlenswert ist es, die untere Schnur dazu in Kniehöhe zu spannen und ein Loch darüber ca. 80 cm breit und 80 cm hoch zu machen. So kann der erste mit vorgestreckten Armen und dem Oberkörper voraus sich durch das Loch auf dem Boden abstützen. Dann wird er von den Helfern auf seiner Seite an den Beinen und Füßen hochgehoben und durch das Loch geschoben.

Zum Abschluss noch einmal der dringende Hinweis: Stellen Sie unbedingt sicher, dass beim Versuch, ein Teammitglied durch das Netz zu bringen, niemand abstürzen kann. Manche Gruppen haben eine Tendenz zum Risiko und werden leichtsinnig.

Schreibmaschine

Einsatzgebiet/Zielsetzung

Diese Übung eignet sich vor allem für das Teamtraining, denn sie macht Kommunikations- und Abstimmprozesse zur Optimierung der Zusammenarbeit erlebbar. Aber auch im Führungstraining, besonders für "Führen von Teams", ist sie sehr gut zu verwenden.

Durchführung im Training

Dies ist eine Weiterentwicklung der bekannten Schreibgeräte, die an Schnüren gezogen werden. Durch die Manipulation des Schreibstiftes mit Stäben wird erreicht, dass keine der beteiligten Personen sich vor aktiver Mitarbeit "drücken" kann, da das Lockerlassen der Schnüre hier nicht möglich ist.

Aber es ist leicht möglich, die Holzstäbe durch Schnüre zu ersetzen, wenn dies für bestimmte Fragestellungen sinnvoll ist. Auch die Kombination Stäbe + Schnüre ist denkbar.

Das kleine Gerät ist einsetzbar sowohl in sehr kleinen Gruppen mit einigen wenigen Teilnehmern als auch in größeren Teams bis zu 16 Personen.

Varianten im Training

Starten Sie nach Möglichkeit mit einer Testphase, in der Teilnehmer das Gerät ausprobieren und sich an den Bewegungsablauf gewöhnen können. Dies ist besonders wichtig, wenn Sie die Übung mit Zielvorgaben bzw. Leistungsanforderungen durchführen.

1. Wenn Sie eine ausreichende Teilnehmerzahl haben, kann eine Gruppe mit der Aufgabe beginnen, die andere sieht zu und überlegt danach, was sie besser machen kann.

2. Lassen Sie Gruppen nacheinander zum Wettbewerb antreten: wer schafft es schneller, eine vorgegebene Zeichnung oder einen Schriftzug nachzuzeichnen? Noch besser: bauen Sie zwei Schreibmaschinen und lassen Sie zwei Gruppen parallel im Wettbewerb antreten. Diskutieren Sie danach, wie sich der Wettbewerbsdruck auf die Zusammenarbeit im Team ausgewirkt hat.

3. Eine interessante Variante: Das Team ist geteilt in die Gruppen "**Ausführende**" und "**Instruktoren**". Es gibt eine gemeinsame Führungskraft. Die Ausführenden sind blind. Nur sie dürfen die Schreibmaschine bedienen, die Instruktoren dürfen weder die Schreibmaschine noch die Ausführenden berühren. Für diese Variante ist es wichtig, dass die Ausführenden die Schreibmaschine einmal "sehend" ausprobieren können.

Bauanleitung

Für die Schreibmaschine benötigen Sie:

- Ein Holzbrettchen von ungefähr 10 cm Kantenlänge. Die Dicke sollte 18 mm betragen.
- 8 quadratische Holzstäbe, 10 x 10 mm stark und ca. 1 m lang, aus dem Baumarkt.
- 8 Stahlhaken mit Gewinde, 22 x 2 mm. Im Baumarkt gibt es kleine Päckchen mit 20 Stück..
- 8 Schraubösen, 12 x 4 x 2 mm, auch diese im Päckchen mit 20 Stück.
- Wenn Sie die Maschine nicht mit Holzstäben bedienen lassen wollen, brauchen Sie Schnur, z.B. Polypropylen Netzschnur, 1,2 mm stark.

Sie können das Brettchen quadratisch lassen oder wie hier im Bild die Ecken absägen, so dass ein Achteck entsteht. Auch eine kreisrunde Form ist als Alternative möglich.

Bohren Sie genau in die Mitte ein Loch mit 15 mm Durchmesser. Mit einer runden Holzraspel erweitern Sie dann das Loch so weit, dass ein Filzschreiber fest eingesetzt werden kann.

Drehen Sie in ca. 5mm Abstand zu den Kanten die Haken so ins Holz, dass sie gleichmäßig verteilt sind und die Spitzen nach innen zeigen.

In jeden der 8 Holzstäbe drehen Sie in eines der Enden eine Schrauböse.

Hier kann es übrigens ebenso wie beim Eindrehen der Haken von Nutzen sein, mit einem Bohrer (1 mm) zuerst ein kleines – aber nicht zu tiefes – Loch zu bohren.

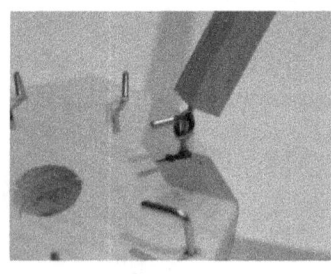

Nun ist das Gerät einsatzbereit:.

Stecken Sie einen Filzstift in das Loch in der Mitte.

Hängen Sie dann die Manipulationsstäbe in der benötigten An-zahl mit den Ösen in die Haken ein. Achten Sie darauf, dass die Stäbe gleichmäßig verteilt sind.

Wenn Sie lieber mit Schnüren arbeiten, knoten Sie diese in der nötigen Anzahl an die Haken. Verwenden Sie dazu dünne, feste Schnur, z.B. Polypropylen Netzschnur aus dem Baumarkt.

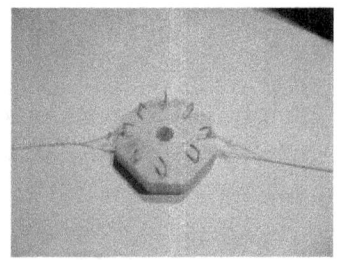

Das laufende A

Einsatzgebiet/Zielsetzung

Das Tool **laufendes A** bietet hervorragende Möglichkeiten, im Führungstraining für Abwechslung, Spaß und besondere Aha-Erlebnisse zu sorgen. Der Bastelaufwand hält sich in Grenzen, wenn Sie wie auf dem Titelfoto ein fest montiertes laufendes A verwenden. Allerdings werden die meisten Trainer den wegen der Größe notwenigen Transportaufwand nicht leisten wollen.

Eine Alternative bietet meine Bauanleitung für ein **laufendes A**, das zu einem gut transportierbaren Paket der Größe 100 cm x 60 cm x 20 cm zusammengeklappt werden kann. Dafür ist allerdings der Bastelaufwand (Geld und Zeit) etwas größer.

Durchführung im Training

Die Übung erfordert acht Mitarbeiter und eine Führungskraft. Die Aufgabe besteht darin, dass sich die Führungskraft im **laufenden** A stehend von den Mitarbeitern von einer Startposition zu einer Zielposition "befördern" lässt (Details siehe Instruktion).

Wenn die Teilnehmergruppe größer als neun Personen ist, dann übernehmen die restlichen Teilnehmer in der Anfangsphase die Aufgabe von Beobachtern. Im Verlauf der Übung können dann Rollen getauscht werden: Beobachter werden zu Mitarbeitern, die Führungskraft erhält einen Nachfolger usw.

Vor Beginn der Übung sollte das **laufende A** fertig aufgebaut am Übungsplatz bereit liegen. Als Übungsplatz benötigen Sie eine einigermaßen ebene Fläche von mindestens 15 x 20 m, besser noch größer. Markieren Sie die Startposition an einem Ende und die Zielposition, die mindestens 5 m vom Start entfernt sein sollte.

Eine Wiese oder ein Sportplatz eignet sich gut. Achtung: wenn der Untergrund feucht und weich ist, dann sinkt das **laufende A** tief ein, ist schwer zu bewegen und verursacht große Löcher. Gehen Sie dann besser auf einen festen Untergrund wie z.B. einen asphaltierter Parkplatz oder eine gekieste Fläche.

Die Führungskraft wird zunächst alleine an den Platz mit dem **laufenden A** geführt und dort instruiert. Die Mitarbeiter sollten sich in dieser Zeit außer Sicht- und Hörweite befinden.

Wichtig: Wenn die acht Mitarbeiter später zum Übungsplatz kommen, sollen sie Schlafbrillen tragen oder auf sonstige Weise "erblindet" sein. Sie dürfen das **laufende A** auf keinen Fall zu Gesicht bekommen. Die Führungskraft darf vorher nichts von der "Blindheit" der Mitarbeiter erfahren! Eventuell vorhandene Beobachter können die Aufgabe übernehmen, die blinden Mitarbeiter zum Einsatzort zu führen.

Instruktion für die Führungskraft:

Ihre Aufgabe ist es, sich mit dem hier am Boden liegenden Transportsystem von Ihren Mitarbeitern vom Start zum Zielpunkt transportieren zu lassen. Dabei gelten folgende Regeln:

- Sie müssen auf dem mittleren Balken stehen. Sie dürfen sich auf dem Balken bewegen, aber sobald Sie auf dem Balken stehen, dürfen Sie ihn erst wieder am Ziel verlassen. Auch das zwischenzeitliche Berühren des Bodens ist Ihnen nicht gestattet.

- Das Transportinstrument darf während des Transportes nur mit den beiden unteren Enden den Boden berühren, die Spitze mit den daran befestigten Seilen muss sich deutlich über dem Boden befinden.

- Die Seile müssen von Ihren Mitarbeitern geführt werden. Jedes Seil muss immer zwischen der Spitze des Transportsystems und dem Mitarbeiter auf voller Länge gespannt sein. Jeder Mitarbeiter darf nur ein Seil am der Spitze entgegengesetzten Ende halten und darf es nicht um die Handgelenke wickeln.

- Ein Umwickeln des Transportsystems mit den Seilen oder sonstiges Verkürzen der Seile ist nicht zulässig.

Wenn Sie technische Fragen der Führungskraft beantworten, dann achten Sie darauf, erklärende Begriffe wie "das ist ein A", "Stelzen" usw. nicht zu verwenden. Behandeln Sie auch die Bilder aus dieser Anleitung vor der Übung vertraulich, besonders das folgende

Prinzip-Bild, das eine hervorragend geeignete Platzierung der Transport-Mitarbeiter an den Seilen zeigt.

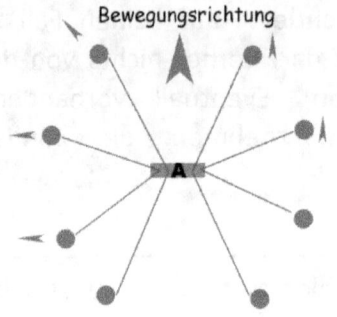

Die Bewegung erfolgt in einer Art "Stelzengang": Die beiden Mitarbeiter links in der Mitte ziehen an ihren Seilen, so dass der rechte Schenkel des A vom Boden abhebt. Nun ziehen der Mitarbeiter links vorne und die beiden vorderen Mitarbeiter auf der rechten Seite in Richtung der Pfeile. Die anderen Mitarbeiter stabilisieren, indem sie einen leichten Widerstand gegen die an ihren Seilen zu spürende Kraft ausüben. Der rechte Schenkel des A bewegt sich nach vorn. Nun lassen die ziehenden Mitarbeiter nach, der Schenkel berührt den Boden, der nächste Zug erfolgt spiegelbildlich.

Varianten im Training

Viele Varianten gibt es nicht. Es kann die Anzahl der Blinden variiert werden, oder während der Vorwärtsbewegung kann sich sich die Position des Ziels ändern. ("moving target").

Sie können auch mehrere Versuche mit wechselnden Führungskräften und Mitarbeitern bzw. Beobachtern durchführen.

Bauanleitung

Materialliste

Pos.	Bauteil	Anzahl
1	Holzbalken, 74 x 74 mm, ca. 1 m lang	8
2	Scharniere (Kistenbeschläge) 250 mm	6
3	Flachverbinder, 180 x 40 x 3 mm	16
4	Holzschrauben, 5 x 50 mm	48
5	Maschinenschrauben M10 x 90	18
6	Muttern M10	18
7	Polypropylen-Seil, 8mm geflochten, 15m lang	4

Die im Baumarkt erhältlichen Holzbalken gibt es in der Regel mit einer Länge von zwei bis drei Metern. Lassen Sie sich die Balken gleich auf die Länge von 1 m zuschneiden. Es kommt dabei nicht auf das exakte Maß an, d.h. auch 98 oder 102 cm sind in Ordnung, solange alle Balken gleich lang sind. Sie sollten allerdings nicht kürzer als 95 cm sein, da sonst die Stehhöhe im **laufenden A** zu gering wird. Die Stärke der Balken sollte wegen der Stabilität nicht unter 70 x 70 mm liegen. Wenn sie wesentlich stärker werden, wird das fertige Gerät sehr schwer.

Scharniere gibt es auch unter der Bezeichnung "französische Kistenbeschläge". Jede Lasche des Scharniers soll Bohrungen für mindestens 4 Holzschrauben aufweisen, so dass Sie jedes Scharnier mit 8 Holzschrauben befestigen können.

Wenn Sie dieses Gerät bauen, müssen Sie vor dem Einsatz prüfen, ob die Stabilität gewährleistet ist, insbesondere, ob die Hölzer und Beschläge fehlerfrei und stabil genug sind.

Die Flachverbinder haben 10 mm – Bohrungen, die für Maschinenschrauben geeignet sind. Sie können von den Angaben abweichende Maße für die Flachverbinder verwenden, solange sie nicht kleiner sind.

Zusammenbau

Für die Grundkostruktion benötigen Sie einen Schraubendreher (oder besser Akkuschrauber), eine Bohrmaschine mit Holzbohrer (10 mm) und mobilem Bohrständer sowie eine Säge, z.B. einen Fuchsschwanz. Für den Zusammenbau im Training ist eine "Ratsche" mit 17er Nuss und ein 17er Gabelschlüssel nötig.

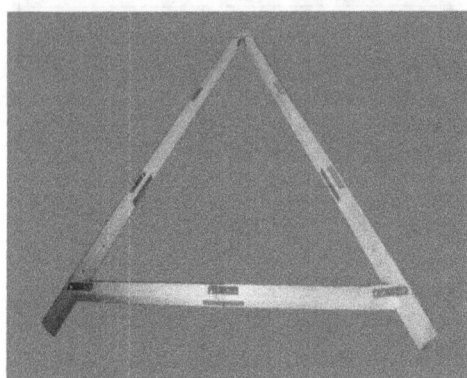

So sieht das zusammen-klappbare **laufende A** aus, wenn es fertig aufgebaut und an den Gelenken versteift ist. Zum Einsatz fehlen hier nur noch die Halteseile, mit deren Hilfe die Mitarbeiter Ihren "Chef" samt "A" zum Ziel befördern .

Zum Transport wird das **laufende A** zusammengeklappt und mit den Halteseilen umwickelt. Das Paket hat dann die ungefähren Abmessungen von 100 x 60 x 20 cm und wiegt insgesamt ca. 25 kg . Ein Bild dieses Pakets finden Sie am Ende der Bauanleitung.

Dieses Maß und Gewicht sollte für den Transport im Kfz kein allzu großes Hindernis darstellen.

116

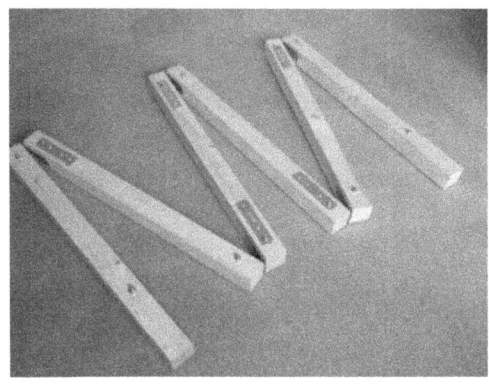

Wir beginnen den Zusammenbau damit, dass wir sechs der Holzbalken (aus Pos. 1 der Materialliste) gemäß Abbildung durch fünf Scharniere (Pos. 2) im Zickzack verbinden. Der-hen Sie zum Befestigen die Balken jeweils so, dass die Auflagestelle der Scharniere nach oben zeigt, dann geht das Eindrehen der Schrauben leichter. Achten Sie darauf, dass die Balken an den Stoßstellen so eng wie möglich aneinander liegen. Sparen Sie nicht mit Schrauben, sondern verwenden Sie eine für jedes Schraubloch in den Scharnieren.

Wenn alle Scharniere befestigt sind, werden die Löcher für die Flachverbinder gebohrt: Legen zuerst Sie einen Flachverbinder

mittig über die Verbindungsstelle und zeichnen Sie eines der Bohrlöcher an. Bohren Sie das Loch mit Hilfe des mobilen Bohrständers unbedingt senkrecht, sonst passen später die Flachverbinder auf der gegenüberliegenden Seite nicht über die Schrauben.

Fixieren Sie nun den Flachverbinder mit einer Schraube im gerade gebohrten Loch und markieren Sie die Position des 2. Loches. Bohren Sie dieses und probieren Sie danach gleich aus, ob sich die Flachverbinder auf beiden Seiten der Balken gut befestigen lassen. Durch diese dreiseitige Stabilisierung der Verbindung (eine Seite mit Scharnier, 2 weitere Seiten mit Flachverbinder) hat das **laufende A** eine sehr gute Festigkeit.

Verbinden Sie nun auf die gleiche Weise die beiden Balken für den Querholm des **laufenden** A mit einem Scharnier und zwei Flachverbindern. Dies ist der Balken, auf dem im Einsatz die zu transportierende Führungskraft steht.

Danach legen Sie das vollständig verschraubte **laufende A** auf den Boden und drehen die beiden Schenkel soweit auseinander, dass der Querbalken auf beiden Seiten ca. 20 cm vom

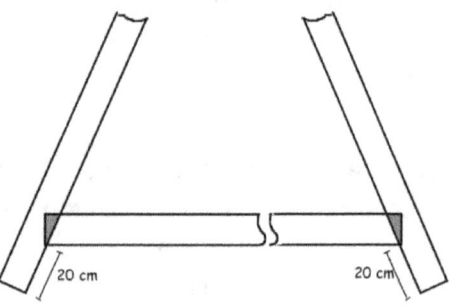

unteren Ende gerade noch aufliegt. Das Prinzipbild zeigt diese Lage. Sägen Sie nun die beiden im Bild rot gekennzeichneten Ecken des Querbalkens ab.

Danach legen Sie den Querbalken in Position und bohren die Löcher für die Flachverbinder. Hier werden auf dem Querbalken zwei Schrauben zur Befestigung des Flachverbinders benutzt, um den Querbalken gegen Abrutschen oder Verdrehen zu sichern.

 Nun kommt der letzte Schritt in der Fertigung des **laufenden A**: das Scharnier an der Spitze des A muss noch gegen die auftretenden Belastungen bei den "Transportbemühungen" gesichert werden, denn die Zugseile werden später alle an dieser Spitze befestigt.

Zur Stabilisierung dienen auch hier zwei Flachverbinder, die wie im Bild ersichtlich montiert werden.

Zum Einsatz werden dann die Seile durch die entstehende Dreiecksöffnung gezogen und verknotet.

Montage und Demontage für die Übung

Die Montage geht am einfachsten, wenn das A aufgeklappt so hingelegt wird, dass die beiden Schenkel übereinander liegen. Nun werden alle Flachverbinder mit Gabelschlüssel und Ratsche festgeschraubt. Ziehen Sie die Schrauben so fest wie möglich an!  Wenn die beiden Schenkel fixiert sind, wird der Querbalken angeschraubt, danach noch die Stabilisierung an der Spitze. Nun werden die Seile angeknotet. Auf jede Balkenseite kommen zwei Seile, die jeweils so befestigt werden, dass der Knoten sich in der Seilmitte befindet und die Seilenden vom Knoten aus gleich lang sind. Für die Montage des **laufenden A** im Training sollten Sie 20 – 30 Minutenin Ihrer Planung berücksichtigen.

119

Um das **laufende A** zu demontieren, entfernen Sie jeweils die Schraube auf einer Seite einer Verbindungsstelle. Drehen Sie dann die Flach-verbinder auf der Vorder- und Rückseite nach innen, so dass sie nicht überstehen und keine  Verletzungen verursachen können. Stecken Sie dann die vorher entfernte Schraube wieder durch das Loch im Balken und befestigen die Mutter. So geht nichts verloren.

 Zum Schluss wickeln Sie die Seile um die zusammengelegten Holzbalken. Sie haben nun das **laufende A** transportbereit, zum Verstauen in jedem normalgroßen Kofferraum geeignet.

Wagenrennen

Einsatzgebiet/Zielsetzung

Das für diese Übung benutzte Fahrzeug ist das Ergebnis eines Brainstormings des Autors gemeinsam mit Norbert Haberkorn, bei Infineon Technologies im Institute for Learning & Development verantwortlich für das Führungstraining.

Der Bau erfordert etwas mehr finanziellen und zeitlichen Aufwand. Andererseits ist dies eine hervorragende Übung mit besonders hohem "Spaßfaktor" für alle Beteiligten. Die Einsatzkriterien sind bei "Durchführung im Training" genannt.

Durchführung im Training

Beispiele für Varianten im Einsatz:

Ein einfacher Wettbewerb zwischen mehreren Gruppen.

Zielsetzung ist es, die Zusammenarbeit in den Teams für Feedbackprozesse beobachtbar zu machen und für den Teamführer ein Feedback zu seiner Führungs- und Moderationsleistung zu generieren. Gesprächsthema kann auch sein, wie sich die Zusammenarbeit im Team durch den Leistungsdruck ("wir wollen gewinnen") verändert.

Durchführung:

1. Die Trainer bauen das Fahrzeug komplett auf und markieren einen Slalomkurs, der von allen Teams durchlaufen werden muss.

2. Die Teams werden gebildet: je Team mindestens fünf Teilnehmer, besser sechs. Je Team wird eine Person Teamführer. Jedes Team benennt auch einen Vertreter für ein Schiedsrichterkollegium, das bei Meinungsverschiedenheiten über Regelauslegungen und bei Regelverstößen im Konsens entscheidet..

3. Basis-Spielregeln: Insgesamt gibt es 30 bis 45 Minuten (ca. 10 min. je Team) Vorbereitungszeit, bevor der Wettbewerb gestartet wird. Das Schiedsrichterkollegium legt die Fahrzeug-Erprobungszeit für die Teams und die Startreihenfolge fest. Eine weitere sinnvolle Basis-Regel: beim Fahren müssen sich immer beide Räder am Boden befinden, das Fahrzeug darf nicht angehoben/getragen werden.

4. Übungszeit, dann zum festgesetzten Zeitpunkt Start des Wettbewerbs. Danach Feedback.

Komplexer Wettbewerb (Mehrkampf) zwischen Gruppen.

Bei dieser Variante benötigen Sie für jedes Team ein eigenes Fahrzeug. Ziel des Spiels ist es, die Aspekte "Kooperation" und "Konkurrenz" in einer Art "Prisoner Dilemma Situation" zu thematisieren. Die Kriterien "Führung", Moderation" usw. aus der einfachen Variante sind ebenfalls von Bedeutung.

Durchführung:

1. In einem "Zentrallager" werden alle Einzelteile der zerlegten Fahrzeuge und zusätzlich einige nicht benötigte "Dummies" wie Schrauben, Metallrohre, Bretter usw. sowie das benötigte Werkzeug deponiert. Die Bauteile sind schon auf die richtige Länge gesägt und mit notwendigen Bohrungen versehen. Beim Werkzeug ist es sinnvoll, mit "Verknappung der Ressourcen" zu agieren.

2. Die Teams werden gebildet: je Team mindestens fünf Teilnehmer, besser sechs. Je Team wird eine Person Teamführer. Jedes Team benennt auch einen Vertreter für ein Schiedsrichterkollegium, das bei Meinungsverschiedenheiten über Regelauslegungen und bei Regelverstößen im Konsens entscheidet.

3. Die Teams arbeiten ohne Sichtkontakt zu den anderen Teams und zum Materiallager. Kommunikation zwischen den Teams ist nur über die Teamführer und die Schiedsrichtergesandten erlaubt. Nur diese Personen dürfen zum Materiallager gehen. Jedes Team erhält eine Fotografie eines Fahrzeugs im Einsatz (z.B. das Titelbild dieser Bauanleitung) und eine Fotografie sämtlicher Materialien und Werkzeuge. Die Instruktion und Aufgabenstellung für die Teams lautet folgendermaßen:

Instruktion:

Sie sind Mitarbeiter des Unternehmens "Qirolar", das in der nächsten Saison erstmals an der Weltmeisterschaft der Penta-Roller teilnehmen will. Es wurde ein interner Wettbewerb ausgeschrieben, in dem die 2-3 besten Montage- und Rennteams ermittelt werden, die für "Qirolar" an den Start gehen sollen. In der ersten Phase geht es darum, den Penta-Roller schnell und in perfekter Qualität den Vorgaben entsprechend zu bauen, denn auch dies ist Bestandteil der Weltmeisterschaft. Außerdem besteht laut Wettkampfordnung die Anforderung, dass **die Fahrzeuge aller Teams eines Unternehmens in jedem Detail identisch sind**.

Als Vorlage erhalten Sie ein Bild des Penta-Rollers im Einsatz und eine Fotografie aller im Lager vorhandenen Bauteile und Werkzeuge.

Nach Fertigstellung aller Fahrzeuge (maximal 45 Minuten) wird in einer Wettbewerbsfahrt das schnellste Team ermittelt. Wir werden anhand der Ergebnisse der Bau- und Rennphase die Teams "Quirolar 1", "Qirolar 2", "Qirolar 3" ernennen.

4. **Bauphase**; Kommunikation zwischen den Teams, Entnahme von Dingen aus dem Lager nur durch Teamführer bzw. Schiedsrichter. Besprechungszentrum für diese Personen ist das Lager. Die Trainer übernehmen bei Bedarf die Rolle des CEO von "Qirolar" und die Rolle des TÜV-Experten für die Abnahme der Fahrzeuge.

5. Durchführung des Wettbewerbs. Die "Fahrer" der Fahrzeuge sollen Handschuhe tragen (Arbeitshandschuhe aus dem Baumarkt), denn es ist wahrscheinlich, dass die Hände auch mal über den Boden schrammen. Dies kann sonst zu leichten Hautabschürfungen führen.

6. Nach dem Wettbewerb: Auswertung und Feedback.

Überlegungen zum "Wettbewerb":

Es ist naheliegend, einen Slalomkurs zu markieren, der durchfahren werden muss. Darin sollten sowohl Beschleunigungsstrecken als auch Kurven vorkommen. Die hier gezeigten Bilder im Freien sind auf einem Tennisplatz mit Kunstrasen aufgenommen, es eignet sich aber jede Wiese, am besten mit Steigungen und Gefälle.

Wenn genügend Platz vorhanden ist, kann der Wettbewerb auch als echtes Wettrennen mit gleichzeitigem Start aller Teams durchgeführt werden.

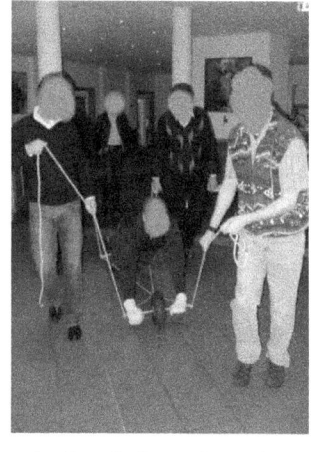

Gibt es einen genügend großen Seminarraum oder eine Sporthalle, dann kann bei schlechten Witterungsverhältnissen der Wettbewerb auch "Indoor" stattfinden.

Eine weitere Variante zum Wettbewerb: auf einem größeren Areal werden viele Tennisbälle verteilt, die von den Fahrern (nur diesen!) aufgesammelt werden müssen. Jeder Fahrer hat dazu einen Beutel umhängen. Es gewinnt das Team, das die meisten Bälle aufsammelt. Es können auch Bälle mit unterschiedlicher Wertigkeit (mit farbigen Punkten gekennzeichnet) verteilt werden. Die höherwertigen Bälle befinden sich dann an schwierigen Stellen, z.B. unter Büschen, auf einem steileren Hang usw.

Bauanleitung

Materialliste

Die benötigten Materialien sind alles handelsübliche Teile aus dem Baumarkt. Die Pedalhaken und –riemen (Pos. 10 und 11) kann man im Fahrradgeschäft kaufen.

Pos	Bauteil	Stück
1	Schubkarrenräder, Achsdurchmesser 20mm, Raddurchmesser 26cm	2
2	Metallachsen, 20mm Durchmesser, 50cm lang	2
3	Gewindestange, 10mm Gewinde, 1m lang	1
4	Klemmringe für 20mm Achse mit Feststellschraube	6
5	Lagerböcke für Achse 20mm	2
6	Maschinenschrauben M10x40mm	4
7	Mutter M10	4
8	Federring 10mm	4
9	Ringmuttern mit Gewinde 10mm	4
10	Pedalhaken (wie sie an den Pedalen am Rennrad oder Mountainbike benutzt werden)	2
11	Pedalriemen	2
12	Maschinenschrauben M6x16mm	2
13	Mutter M6	4
14	Karosseriescheibe 6mm	4
15	Federring 6mm	4
16	Sperrholz, 6-8mm stark, ca. 10x10cm	2
18	Holzschrauben, 3mm stark, 1,6cm lang	4
18	Streifen aus festem Schaumstoff oder ähnliches Material, ca. 20cm breit und 10 cm lang	4
19	Seile, ca.8mm stark, ca. 1,5m lang	6

Zusammenbau

Für den Zusammenbau wird folgendes Werkzeug benötigt:

- Bohrmaschine mit 6 und 10mm Holzbohrer
- Metallsäge
- Schraubenzieher
- Gabelschlüssel für M6 und M10-Muttern (am besten jeweils zwei!)

Achsen vorbereiten und zusammenbauen

Wir beginnen damit, dass wir die Gewindestange (Pos. 3 der Materialliste) mit der Metallsäge in der Mitte teilen, so dass zwei Stücke von je 50cm Länge entstehen. Danach werden die beiden Achsen (Pos. 2) ebenfalls mit der Metallsäge auf jeweils 47 cm gekürzt.

Die Gewindestangen werden jeweils ca. 1,5 cm vor den Enden mit einem Streifen Schaumstoff (Pos. 17) fest umwickelt, damit sie stabil und verwackelungsfrei in den Achsen sitzen. In jede der Achsen wird nun eine Gewindestange so eingeführt, dass sie rechts und links jeweils 1,5cm herausragt.

Trittbretter/Pedale zusammenbauen

Je nach Länge der Pedalhaken muss man einen Schlitz wie auf dem Foto in die Sperrholzplatte (Pos. 16) einsägen. Der "Druckpunkt" für die Füße sollte später ungefähr mittig über der Achse liegen. Dann werden die Löcher gebohrt:

An einer Kante bohren Sie die 10mm Löcher für den Lagerbock für die Achse (Pos. 5).

In die Mitte des Trittbretts wird ein Loch für die Schraube 6mm (Pos. 12) zur Befestigung des Pedalhakens (Pos. 10) gebohrt.

Dann wird der Pedalriemen (Pos. 11) durch die Halterungen am Pedalhaken gezogen und der Pedalhaken mit der 6mm Schraube, der Karosseriescheibe von oben, dem Federring und der Mutter von unten (Pos. 12 - 15), auf dem Sperrholz befestigt.

Die Stabilität der Trittbretter und der darauf befestigten Pedalhaken ist von großer Bedeutung für die Sicherheit des "Fahrzeugs".

Das zweite Trittbrett wird spiegelbildlich zum ersten aufgebaut: Wenn beim ersten der Lagerbock auf der linken Seite ist, dann muss er beim zweiten auf der rechten Seite liegen.

Hinterrad zusammenbauen

Auf eine der vorbereiteten Achsen wird nun eines der Schubkarrenräder (Pos. 1) bis genau zur Mitte geschoben und rechts und links mit je einem Klemmring (Pos. 4) fixiert. Achten Sie darauf, dass das Rad genügend Spiel hat, um sich frei drehen zu können.

Danach schieben Sie von rechts und links die beiden fertig montierten Trittbretter auf die Achsen, so dass der Lagerbock sich jeweils auf der **Innenseite** in der Nähe des Rades befindet.

Die Trittbretter werden dann ebenfalls mit Klemmringen (Pos. 4) fixiert. Auch hier sollten die Ringe nicht zu eng am Lagerbock sitzen, damit die Trittbretter beweglich bleiben.

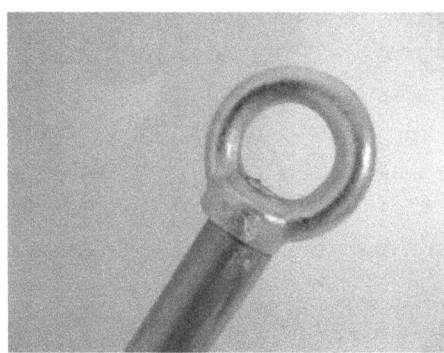

Auf die rechts und links aus der Achse ragende Gewindestange wird nun jeweils eine Ringmutter (Pos. 9) gedreht und fest angezogen. Die Ringmuttern rechts und links sollten beide in einer Ebene stehen, nicht im Winkel zueinander.

Vorderrad zusammenbauen

Wie beim Hinterrad wird auf die vorbereitete Achse eines der Schubkarrenräder (Pos. 1) bis genau zur Mitte geschoben und rechts und links mit je einem Klemmring (Pos. 4) fixiert. Achten Sie auch hier darauf, dass das Rad genügend Spiel für freie Drehung hat.

Auf die rechts und links aus der Achse ragende Gewindestange wird nun jeweils eine Ringmutter (Pos. 9) gedreht und fest angezogen. Die Ringmuttern rechts und links sollten beide in einer Ebene stehen, nicht im Winkel zueinander.

Endmontage

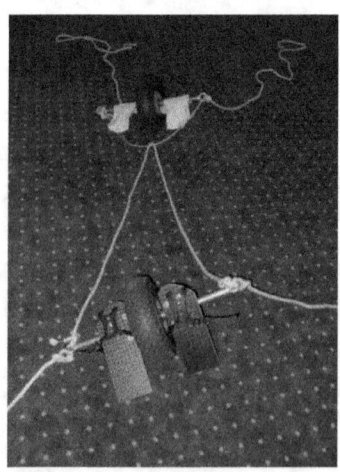

Zunächst werden die Vorder- und Hinterachse auf beiden Seiten an den Ringmuttern kreuzförmig mit Seilen (Pos. 19) verbunden. Der Abstand der Achsen kann durch entsprechend lang oder kurz verknotete Seile auf die Körpergröße des Fahrers eingestellt werden. Im Allgemeinen ist ein Abstand zwischen 1m und 1,50m angemessen.

Ganz zum Schluss wird an jede der vier Ringmuttern je ein Halteseil angeknotet, mit dem die "Transporteure" (vier an der Zahl) das Gefährt mit dem Fahrer in der Balance halten und gleichzeitig bewegen.

Die "richtige" Körperhaltung auf dem fertigen Fahrzeug.

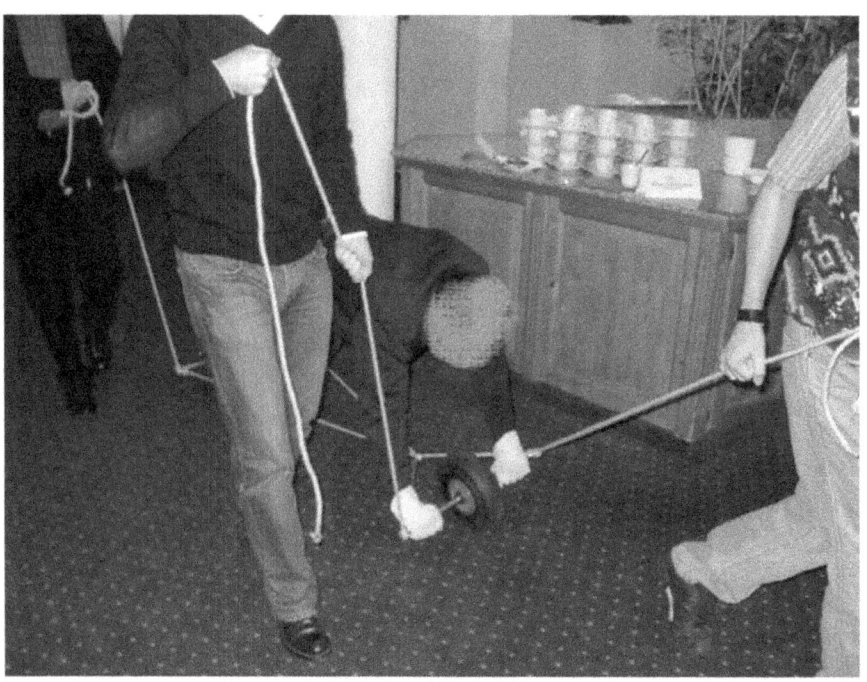